MES
CARNETS
DE
GRAND REPORTER

Gérard de Villiers

MES CARNETS DE GRAND REPORTER

filipacchi

AVERTISSEMENT

Depuis plus de trente-cinq ans, je parcours le monde à la recherche de la vérité. D'abord, comme grand reporter à plein temps, ce qui m'a permis de couvrir une bonne partie des événements les plus marquants de la planète, du lancement d'Apollo 11, la première fusée vers la Lune, jusqu'à l'assassinat de John F. Kennedy, en passant par les bombardements en Iran, avant l'éviction du shah.

J'ai continué à voyager ensuite pour recueillir la matière première de mes SAS, toujours avec la vision d'un journaliste, dans des contrées bizarres, lointaines et parfois dangereuses. Après avoir connu le Cambodge de 1974, juste avant l'arrivée des Khmers rouges, j'ai retrouvé un pays brisé, exsangue, émergeant tout juste d'un des plus grands génocides du siècle. Je suis allé en Afghanistan, juste au moment du départ des troupes soviétiques, pour y écrire un SAS, mais ce que j'ai vu là-bas fournirait la substance de dix reportages.

En Colombie, j'ai plongé dans le monde féroce et clos des « narcotrafiquants », en plein cœur de la Cordillère des Andes, d'où partent les dizaines de tonnes de cocaïne qui empoisonnent le monde.

La Birmanie est toujours une dictature ubuesque, fermée au monde extérieur. J'y ai découvert un personnage extraordinaire, une femme à la volonté de fer, Aung San Suu Kyi, leader de l'opposition démocratique, littéralement séquestrée par la junte au pouvoir. Depuis, son courage a été récompensé par un prix Nobel de la paix. Un an, après mon passage en Birmanie.

Je me trouvais au Guatemala, il y a quelques mois, pour le retour dans son pays d'origine d'un autre prix Nobel de la paix, l'indienne Rigoberta Menchu Tum. Autre personnage charismatique dont toute la famille a été sauvagement assassinée par l'armée guatémaltèque. Le Guatemala est probablement le dernier État féodal de la planète et l'histoire de Rigoberta Menchu en est l'illustration tragique.

Heureusement, au bout du monde, on ne trouve pas que des horreurs. Au fin fond de l'île de Bornéo, dans la mer de Chine, j'ai trouvé le petit royaume de l'homme le plus riche du monde, le sultan de Brunei. Et vérifié, du même coup, que l'argent ne fait pas le bonheur.

Enfin, il y a eu Sarajevo et la Bosnie-Herzégovine. L'expérience la plus poignante et probablement la plus périlleuse de ces dernières années. Je ne regrette pas d'y être allé. Ce que j'y ai vu rappelle les grandes tragédies de l'Histoire, comme le siège de Stalingrad ou la partition entre l'Inde et le Pakistan.

Comme tous ceux qui ont choisi le métier de reporter — le plus beau qui soit — je ne suis qu'un témoin, le plus objectif possible, des événements qui bouleversent la planète. Ce sont quelques-uns de ces témoignages que j'ai réunis en vue de cet ouvrage.

Tout est authentique. Ce n'est hélas pas de la fiction. C'est à partir de ces faits bruts que j'écris les SAS, qui, eux, sont imaginaires. J'espère que ces récits vous intéresseront et vous feront découvrir des choses que vous ne soupçonnez pas.

Gérard de Villiers

1

BIRMANIE
Voyage au pays
de l'horreur souriante

L'avenue Bogyoke Aung San, à Rangoon[1], est l'une des plus grandes de la capitale birmane, la coupant d'est en ouest, trop large pour la circulation clairsemée de rares voitures particulières, de scooters transformés en taxis collectifs avec des bancs de bois, et surtout de bus verdâtres, au nez camus, omniprésents dans le pays car abandonnés par les Japonais à la fin de la dernière guerre mondiale.

Bizarrement, des barrières métalliques séparant la chaussée des trottoirs empêchent les piétons de traverser (passage pourtant sans risque), les forçant à emprunter d'immenses passerelles métalliques toutes neuves qui enjambent l'avenue. Étonné, je demande à la jeune guide birmane de « Myanma Turist Service » qui m'accompagne :

— A quoi servent ces passerelles ? Il n'y a pratiquement pas de circulation.

Elle a un rire embarrassé.

— Oh, elles ne sont pas là depuis longtemps, me dit-elle. Elles ont été construites à la suite des troubles de 1988, pour permettre aux soldats de Tatmadaw[2], en cas de nouvelles manifestations, de tirer plus facilement sur la

---

1. *NdE :* pour une raison de lisibilité, tous les noms étrangers ont été francisés.
2. L'Armée birmane.

foule. En 1988, ils s'étaient plaints à leurs officiers qu'il n'était pas facile de tirer des toits...

J'en restais muet !

Même le sanglant dictateur roumain Ceaucescu n'avait pas prévu les postes de tirs pour réprimer les émeutes en pleine ville. Pour la première fois, je voyais un gouvernement s'organiser à l'avance pour éliminer ses propres citoyens... A côté de la Birmanie, le Guatemala est une démocratie hautement respectueuse des Droits de l'Homme.

Notre guide faisait allusion à l'épisode le plus sanglant des trente dernières années en Birmanie. Le 26 juillet 1988, le vieux général Ne Win, dictateur au pouvoir depuis 1962, a cédé officiellement la place à un de ses « généraux-potiches », Sein Lwin. Pensant que ce geste entraînait une libéralisation du régime le plus antidémocratique du monde, des milliers d'étudiants sont descendus dans les rues de Rangoon, manifestant pour obtenir un peu de liberté.

Du 8 au 11 août, l'armée en a massacré des milliers sur la paisible avenue où je me trouve maintenant, quelques années plus tard. En toute hâte, le général Ne Win, qui continuait à tirer les ficelles en coulisse, a alors fait nommer un gouvernement civil sous la direction d'un certain Maung Maung, marionnette sans consistance. Cela fut suffisant pour griser les Birmans, persuadés d'avoir fait reculer le pouvoir. Pendant vingt-six jours, ce fut la liesse, ce qu'on appela « l'Été de Rangoon ».

Comme en Chine, lors du « Printemps de Pékin », les affiches, les journaux, les proclamations fleurirent. Les gens, bravant l'atroce chaleur humide, se réunissaient partout et à tout moment, dans la rue, les monastères, les pagodes, mêlés aux bonzes. Les Birmans voyaient déjà la démocratie à portée de leurs mains.

Cela dura moins d'un mois, pour se terminer par un coup de tonnerre, le 18 septembre, avec la proclamation d'un « comité pour restaurer la Loi et l'Ordre » dont le premier acte fut de passer à la trappe Maung Maung qui ne servait plus à rien.

Sur University Avenue, les étudiants se trouvèrent face à la 22e division d'Infanterie légère. Ils accueillirent les militaires aux cris de « Pyi-Tu Tatmadaw ! » : « L'armée du Peuple avec le Peuple ». Les jeunes soldats répondirent par des rafales de mitrailleuse, pourchassant jusqu'à l'intérieur du marché de Gogyoke, les étudiants paniqués. Un diplomate américain ramassa un enfant de dix ans, la tête éclatée par une balle tirée à bout portant en plein front. Les massacres durèrent jusqu'en décembre 1988, à Rangoon, à Mandalay et dans toutes les villes étudiantes. Les universités furent fermées pour une période indéterminée et le couvre-feu établi. Il durait encore lorsque j'ai débarqué à Rangoon. Inutile de toute façon : comme la ville ne possède ni restaurants, ni spectacles, ni bars, et que les cinémas ferment à 17 heures 30, les gens rentrent chez eux vers 19 heures. Dès la tombée de la nuit, on se croirait dans une ville fantôme.

De mon hôtel, le « Strand », situé au bord de la Rangoon River, le seul signe de vie, le soir, était le chant triste et monotone des bonzes dans une pagode voisine, et qui se prolongeait tard.

Pendant que je contemplais les sinistres passerelles, un camion militaire passa devant nous, roulant lentement, plein de soldats, les G-3 [1] à l'horizontale, prêts à tirer. Mon interprète sembla se recroqueviller. Visiblement morte de peur.

— Allons dans le marché !, proposa-t-elle.

Les tueries qu'elle venait d'évoquer n'étaient que le plus brutal des avatars d'une longue descente aux enfers d'un pays jadis considéré comme l'un des plus riches et des plus heureux du Sud-Est asiatique. Les six mois de massacres d'étudiants et de bonzes avaient laissé le pays sous anesthésie. La Birmanie qui avait repris, six mois avant mon

---

1. Fusil d'assaut allemand.

passage, le nom d'Union de Myanma n'était plus que l'ombre d'elle-même, un immense camp de concentration où une population apeurée, affamée, coupée du monde, se demandait quel miracle l'arracherait aux griffes de l'increvable Ne Win, doyen des dictateurs du XXe siècle.

Connaissant la nature du régime birman, je m'attendais à trouver une ville en état de siège, quadrillée de soldats, une atmosphère tendue, des heurts incessants.

Pas du tout!

Lorsqu'on débarque à Rangoon après avoir connu l'animation trépidante de Bangkok, on a l'impression de remonter dans le temps, d'arriver dans une de ces villes coloniales pleines de charme et de langueur de la fin du XIXe siècle. Avec ses larges avenues ombragées, sa quasi-absence de circulation automobile, la ville a même un petit air rétro très agréable. Il y a presque autant de bicyclettes qu'à Pékin. Les Birmans sont vêtus uniformément de longyi, jupe longue et serrée, de couleurs différentes pour les hommes et les femmes. Celles-ci, qui affrontent carrément le regard d'un étranger, ont le visage fardé de tanaka, une poudre locale qui remplace le maquillage occidental et les fait ressembler à des Indiennes sur le sentier de la guerre. Très pudiques, elles n'ont rien à voir avec les Thaïs et les Vietnamiennes à l'effronterie agressive.

Ici, les vierges peuvent avoir jusqu'à quarante ans...

Rangoon est un peu semblable à Delhi, avec ses maisons enfouies dans la végétation tropicale et son mélange de styles : depuis les grands dinosaures majestueux en briques rouges, vestiges de l'occupation britannique jusqu'aux vieilles maisons chinoises à balcon, en passant par des constructions indiennes tarabiscotées. Peu d'immeubles modernes, mais des pagodes partout. Dont la Shwedagon, la plus grande du monde qui domine la capitale de sa stupa[1] dorée.

---

1. Monument funéraire en forme de dôme plein, élevé sur des reliques de Bouddha.

Curieusement, cette ville consacrée au bouddhisme compte de nombreuses églises dont les flèches immenses dépassent toutes les pagodes, sauf la Shwedagon.

Dans ce pays horriblement pauvre, on a peine à croire que cette dernière n'ait pas encore été dépouillée de son énorme dôme de cent mètres de haut, entièrement recouvert de feuilles d'or. Il y en a pour soixante tonnes d'or fin, plus d'un milliard de dollars !

Pour les Birmans qui ont juste un peu de riz pour vivre, cette richesse pourrait sembler insolente. Pas du tout. Et c'est bien l'étrangeté de cette ville qui subit d'innombrables privations depuis si longtemps. Je m'y suis rendu au coucher du soleil, pensant y trouver peu de monde. Erreur. Une foule grouillante s'y pressait. Quelques moines, mais surtout des femmes aux joues barbouillées de fard, qui se ruinaient en cierges, baguettes d'encens, colliers de fleurs ou encore qui déposaient des billets dans de petites boîtes transparentes. Imperturbables, des bonzes en robe safran contemplaient l'assemblée des pèlerins, leur petite écuelle à riz sur le ventre, à côté de soldats dépenaillés, appuyés sur leur G-3.

L'esplanade entourant la stupa mesure près de quatre hectares. Malgré cela, quand j'y étais, elle était noire de monde ! Sur les marches du gigantesque escalier, des oiseleurs offraient des oiseaux dans des cages. Pour quelques kyats, la monnaie locale, on en libère un, ce qui fait gagner ainsi quelques « mérites » aux bouddhistes convaincus. La foule se déplace silencieusement sur la place, dans le sens des aiguilles d'une montre, s'arrêtant devant les innombrables minipagodes construites par des dévots afin de grandir en sainteté.

Un puits censé contenir quelques cheveux de Bouddha était particulièrement entouré par les pèlerins qui y jetaient des fleurs et de menues offrandes.

Quelques touristes filmaient la seule attraction de Rangoon.

Ce qui m'a frappé, c'est la tristesse de la foule : pas de

rires, des regards fuyants, inquiets, aucune joie. Au fur et à mesure que le soleil descendait, les gens s'éparpillaient dans toutes les directions. Lorsque je repartis vers le « Strand », les rues étaient désertes, à l'exception de quelques cyclistes pédalant comme des fous et de bonzes quêtant leur nourriture.

La Birmane qui m'accompagnait devint brusquement nerveuse, regardant fréquemment sa montre.

— Il faut que je rentre, dit-elle. Si on est dehors après le couvre-feu, les soldats vous tirent dessus. Or, j'habite très loin, dans le nord de Rangoon.

Sa réflexion me ramena brutalement à la réalité. Le côté chatoyant de la pagode Shwedagon, la paix qui se dégageait de la foule en prière, n'étaient qu'un leurre. La réalité, c'était une ville étouffant sous le poids asphyxiant de la terreur, une terreur presque souriante et invisible pour l'étranger de passage.

Après les massacres de 1988, le gouvernement militaire s'est organisé pour ne plus jamais être débordé. D'abord, il a installé ses « postes de tir » au-dessus des grandes avenues. Ensuite, Rangoon a été quadrillé de façon à être plus facilement contrôlé. Le nord et le sud de la ville ont été séparés par une sorte de no man's land. Et les gens qui vivaient au sud, trop nombreux au gré des militaires, ont été déplacés au nord, du côté du lac Inlé.

Le lendemain, ma guide m'a emmené chez elle. On aurait dit un immense parc tropical où auraient poussé çà et là des bidonvilles, des cahutes en bois à moitié démolies par les intempéries, où s'agitait une population silencieuse et résignée.

— Avant j'habitais au sud, m'expliqua la jeune Birmane. Un jour, les soldats sont venus et nous ont dit qu'il fallait aller nous installer de l'autre côté de la Rangoon River. Très loin du centre. On nous a forcés à nous établir ici et nous avons pu seulement emporter quelques planches.

Ce que j'ai appris par la suite, c'est que le gouvernement,

qui ne connaît pas les petits profits, a vendu aux expulsés, à prix d'or, le lopin de terre où il les forçait à s'installer. Ceux qui refusaient, faute de moyens, étaient entassés dans des camions et expédiés vers les zones insalubres du nord de la Birmanie, infestées par la malaria et la fièvre jaune. Comme on leur confisquait leurs papiers, ils devenaient des « non-êtres » administratifs...

Alors, tous ceux qui l'ont pu se sont saignés aux quatre veines pour rester.

Tatmadaw s'est aussi occupé des mendiants, facteur possible de désordre.

Et les rares personnages officiels qui consentent à parler aux étrangers font remarquer fièrement que, depuis la restauration de « la Loi et de l'Ordre », Rangoon est une ville sans clochards.

Excellente raison à cela. Depuis longtemps, le gouvernement militaire les a raflés, comme des criminels. Dans les cas plus heureux, ils ont été expédiés dans le Nord, vers la frontière de Chine ou dans la zone en ébullition du pays Karen où ils sont enrôlés d'office comme démineurs. Ils grattent le sol de leurs mains et marchent en tête des patrouilles birmanes. Cela revient moins cher que d'acheter un matériel coûteux à l'étranger. Les mendiants récalcitrants, ou trop faibles pour partir sont tout simplement massacrés sur place.

Une fois le « ménage » fait, le gouvernement a mis en place une structure de répression pratiquement parfaite.

Au sommet, on trouve l'armée, Tatmadaw.

Ensuite, la People's Police Force, sorte de milice, surveillant les villages.

La Military Intelligence Service, remarquablement organisée, possède des dossiers sur tous ceux qui se sont mêlés de politique, même dix minutes dans leur vie. Elle dispose de ressources énormes et sait tout ce qui se passe dans le pays, grâce à ses milliers de mouchards.

Le Bureau of Special Investigation est, quant à lui, le

bras armé de la MIS. Ce sont ses agents qui arrêtent les suspects, les torturent et souvent les exécutent.

Enfin, la Lon Htein (Force de Sécurité) est un corps en uniforme, spécialisé dans la répression des manifestations. Elle a été longtemps commandée par le général Sein Lwin, surnommé par les étudiants « Le bourreau de Rangoon ».

Un exemple de leur façon d'agir.

Depuis l'expulsion ou la liquidation des mendiants, seuls les bonzes ont le droit de quêter de la nourriture ou de l'argent. Mais pas partout. Or, quelques jours avant mon arrivée, des « bonzillons » dont l'âge s'échelonnait entre dix et seize ans, peu au fait des interdictions, ont quitté leur pagode pour aller mendier dans la zone touristique du lac Inlé. Aussitôt signalés par des mouchards du MIS, ils furent encerclés par un commando de Lon Htein. Des brutes analphabètes, armées de gourdins renforcés de fils de fer barbelés, à qui on a fait croire que les bonzes étaient des communistes. Enrôlés dès l'adolescence, ils sont persuadés que Tatmadaw détient la vérité absolue, et on peut leur demander n'importe quoi.

Ce jour-là, après avoir rassemblés les « bonzillons », ils se sont mis à les frapper de leurs matraques, arrachant les chairs, brisant les os, éclatant les visages, piétinant ensuite les blessés dans un concert de hurlements.

Résultat : trois bonzillons tués et une douzaine estropiés. Mais, au-dessus des organisations dont je viens de parler, il faut citer le National Intelligence Bureau qui coiffe le MIS, le BSI et la Lon Htein. Son chef en est toujours le général Ne Win, quatre-vingt-trois ans aujourd'hui.

Cette poigne d'acier qui étouffe la population a aussi étranglé le développement du pays. Rangoon est aujourd'hui une des villes les plus arriérées du monde. Son plus bel hôtel, le « Strand », que l'agence de tourisme birmane vous vante avec des trémolos dans la voix, n'est plus qu'une baleine blanche décatie, échouée en plein centre de la ville au bord de la Rangoon River. La peinture de ses hauts plafonds s'en va par plaques, les chambres n'ont pas été refaites depuis quarante ans, l'eau chaude n'y coule qu'une demi-heure par jour, à des horaires variables, ce qui vaut peut-être mieux, car toutes les canalisations sont bouchées. Dans un pays normal, on ne lui accorderait pas une demi-étoile. Ici, c'est un palace. La ville n'a pratiquement pas changé depuis le départ des Anglais. On n'a pas construit un seul immeuble, les voitures ont entre vingt et quarante ans, les bus sont hérités de l'occupation japonaise et des scooters poussifs transformés en taxis collectifs chargent jusqu'à douze voyageurs en même temps. Les pannes d'électricité sont habituelles et même les ambassades n'ont souvent qu'une heure de courant par jour.

Pas question de louer une voiture ou de se déplacer seul.

D'ailleurs, il n'y a pas d'essence à cause de la pénurie de devises. La seule façon d'en trouver est de l'acheter à la bouteille, à de petits marchands installés sur le trottoir. Tous les étals sont proches des casernes : les militaires vendent leur carburant pour se faire de l'argent de poche. A 70 kyats[1] le gallon, ce qui est une somme colossale pour un Birman qui en gagne 1 000 par mois.

Aussi, Rangoon, élevée un siècle plus tôt par les Britanniques, est-elle restée une ville où la pollution est inconnue, sans industrie et sans nuisances, à part le couvre-feu et la terreur.

Terreur palpable dès qu'on veut entrer en contact avec d'autres Birmans que le personnel touristique. De nombreux Birmans parlent anglais, mais il est pratiquement impossible de les contacter, d'aller chez eux. Ils seraient immédiatement arrêtés et interrogés. Les seuls Birmans qui acceptent de vous parler, sont ceux que l'on rencontre dans les soirées du « Inya Lake Hotel » ou chez les diplomates, et qui appartiennent à une petite caste d'environ deux cents personnes servant d'interface entre le gouvernement et les étrangers. Grassement récompensés en nature (télés, alcools, produits d'importation) par le NIB, ils répandent

---

1. 1 kyat équivaut à 1,25 francs français.

la parole officielle sous forme de confidences soigneuse-
ment dosées, expliquant par exemple la permanence du
couvre-feu par un mystérieux complot communiste, ou
américain, selon les jours. La seule façon d'entendre une
autre version des faits est de se promener dans les rues de
Rangoon et de repérer un des innombrables « salons de
thé » qui n'ont de salons que le nom.

Ces établissements se composent d'un minuscule local où
on prépare le thé, agrémenté de tables et de tabourets
installés sur le trottoir. On y sert un breuvage très noir,
sans lait et les Birmans (surtout des étudiants libérés par la
fermeture des Universités) y restent des heures à bavarder
d'un avenir meilleur. Si vous désirez inspirer confiance,
voilà un truc : ne buvez pas votre thé dans votre tasse.
Versez-en un peu dans la soucoupe et lapez-le comme un
chat... Cela montrera que vous connaissez les usages
locaux.

C'est ce que j'ai fait, un jour. Pendant une demi-heure,
personne n'a remarqué ma présence, puis enfin, un jeune
Birman a changé de place, s'est penché vers moi et après
s'être assuré qu'il n'y avait pas de mouchard en vue, m'a
demandé à voix basse :

— Pouvez-vous me parler de Rambo ?

Je m'exécutai, un peu surpris et découvris la fascination
qu'exerçaient les États-Unis sur ces jeunes coupés de tout,
soumis à un lavage de cerveau permanent, à une terreur
incessante. Il m'expliqua qu'il avait une combine avec les
femmes de ménage qui nettoyaient les avions en provenance de l'étranger et qui leur revendaient pour quelques
kyats les magazines trouvés à bord.

Il écoutait aussi la Voix de l'Amérique et la BBC.

Toutes les dix secondes, il tournait la tête, surveillant les
alentours. Il me dit que quatre de ses meilleurs amis
avaient été tués en 1988, l'un d'eux incinéré alors qu'il était
encore vivant. Que, bien entendu, il ne pouvait pas sortir
du pays, ni écrire, ni téléphoner à des amis, émigrés en
Thaïlande.

Que des centaines de gens disparaissaient tous les mois, emprisonnés pendant des années.

Il avait peur, son regard bougeait sans cesse. Pourtant, nous avons discuté presque une heure. Mais, quand je lui ai demandé si nous pouvions nous revoir, il a refusé, arguant que c'était trop dangereux. Sa dernière phrase fut :

— Quand les Américains vont-ils venir nous délivrer ?

Un camion militaire chargé de soldats apparut au coin de la rue et les conversations cessèrent brutalement, les visages se creusèrent sous l'effet d'une peur animale. Mon interlocuteur regagna vivement sa place, puis sortit et se perdit dans la foule. Le camion s'éloigna et la vie reprit son cours. Des patrouilles militaires, il y en a tout le temps. Quelquefois, quand les soldats sont ivres, ils tirent sans sommation.

Ainsi, le cercle de terreur ne se desserre-t-il jamais.

Comment le monde civilisé tolère-t-il un système aussi abominable à la fin du xxe siècle ?

La réponse est toute simple. D'abord, les informations filtrent difficilement à l'extérieur. Il n'y a pas de presse locale indépendante, pas de correspondants étrangers et les rares diplomates en poste à Rangoon ne sortent pas beaucoup, à cause des intimidations du pouvoir.

Ensuite, les dirigeants politiques qui connaissent la situation, soit y trouvent leur intérêt, comme les Thaïlandais et les Chinois, soit estiment, comme les USA, le Japon, l'Angleterre ou la France, qu'ils n'ont pas les moyens d'intervenir. De plus, la Birmanie est physiquement isolée, coupée du monde : une frontière à l'ouest avec le Bangladesh, à l'est avec la Thaïlande, au nord, la Chine, des régions montagneuses difficiles d'accès et faciles à surveiller étant donné le peu de voies de communication. Les généraux thaïs qui pillent, avec la complicité de leurs homologues birmans, les richesses naturelles de ce pays, se moquent de son régime politique. Les Bengalais, qui ne sont pas bouddhistes ont d'autres sujets de préoccupation et de toute façon, n'ont guère les moyens de s'y opposer.

Alors, Ne Win et sa clique conservent le pouvoir et le droit de vie et de mort sur les Birmans.

Les fées semblaient pourtant s'être penchées sur le berceau de la Birmanie, à la fin de la Seconde Guerre mondiale. Colonisée par les Anglais, après plusieurs conflits, dans les années 1880, la Birmanie était restée sous l'emprise du « Lion » britannique jusqu'en 1941, lorsque les Japonais l'envahirent, promettant l'indépendance.

Ils demeurèrent jusqu'en mai 1945, puis durent céder à nouveau la place aux Britanniques. Ceux-ci négocièrent avec le général Aung San, héros de la guerre de libération contre les Nippons, l'indépendance de la Birmanie. En janvier 1947, le Premier ministre britannique, Clement Attlee, l'accorda officiellement. Le général Aung San devint alors le premier président de la nouvelle Birmanie, après soixante-dix ans de colonisation.

Malgré les ravages de la guerre, la situation économique n'était pas mauvaise. Un peu plus grande que la France (673 500 kilomètres carrés), la Birmanie comptait quarante millions d'habitants, possédait du pétrole, était un des premiers exportateurs de riz et, en dépit de son absence de tissu industriel, présentait un niveau de vie décent. La culture des rizières, la pêche et l'exploitation des bois précieux suffisaient largement.

Peu de gens, à cette époque, avaient entendu parler de ce pays profondément bouddhiste où le respect de la vie était tel que les pêcheurs, obligés évidemment de tuer le poisson, constituaient la caste la plus basse. La tâche d'abattre les animaux revenait à des étrangers, Musulmans ou Chinois. Un peu plus tard, la Birmanie fut incarnée aux yeux du monde par le secrétaire général de l'ONU, U Thant, un homme affable et doux, au crâne rasé comme celui d'un bonze.

Hélas, le destin sema mille embûches sur ce chemin paisible.

Le 19 juillet 1947, deux hommes en cagoule pénétrèrent dans la salle du Conseil des ministres et mitraillèrent les assistants. Le général Aung San fut tué, ainsi que six de ses ministres. Il avait trente-trois ans. La Birmanie perdait le seul héros national qu'elle ait jamais eu. Aujourd'hui encore, on ne sait pas de façon certaine qui arma le bras des tueurs.

Le ressort qui aurait pu propulser la Birmanie vers la prospérité était cassé.

Le général disparu, les Britanniques confièrent le pouvoir à un vieillard respectable, U Nu qui proclama l'indépendance le 4 janvier 1948, à exactement 4 heures 20 du matin. L'heure avait été choisie avec soin par les astrologues locaux, car l'astrologie joue un grand rôle en Birmanie.

Hélas, les savants avaient dû mal effectuer leurs calculs, car la démocratie parlementaire de U Nu ne fonctionna jamais très bien. Tiraillé entre une insurrection communiste dans le Nord, les Karens indépendantistes à la frontière thaïlandaise et une situation économique difficile héritée de la Seconde Guerre mondiale, le vieil U Nu ne résista pas. Peu à peu, le chef de l'armée birmane, un général inconnu nommé Ne Win, prit de plus en plus d'importance.

Les choses se terminèrent comme toujours lorsqu'il y a un pouvoir civil faible et déchiré et une armée forte. Le matin du 2 mars 1962, U Nu se trouva nez à nez dans sa chambre à coucher avec un jeune lieutenant extrêmement poli qui, sous la menace d'un vieux revolver d'ordonnance britannique Webley, lui apprit poliment que le général Ne Win venait de prendre le pouvoir et qu'on lui avait réservé une excellente cellule à la prison centrale de Rangoon.

Le tout, sans élever la voix.

La population ne se souleva pas, ne réagit pas. U Nu n'était pas vraiment populaire et les gens respectaient l'armée qui avait mis fin à la menace communiste.

Les Birmans ignoraient alors qu'ils entraient dans un long tunnel dont ils ne sont pas encore sortis aujourd'hui...

Avant l'indépendance, la Birmanie était un pays agricole, et relativement riche, produisant près de trois millions et demi de tonnes de riz, dont la moitié était vendue sur les marchés internationaux. Sous U Nu, la production annuelle était encore de deux millions de tonnes. Lorsque je suis arrivé en Birmanie, la production n'était plus que de vingt mille tonnes ! Le centième d'il y a trente ans ! Certes, on ne voit pas à Rangoon de ventres ballonnés, ni de gens en guenilles. Les Birmans sont trop fiers, mais ils ne survivent qu'au prix de privations incroyables.

J'ai été me promener sur les bords de la rivière Pazundaung, dans le quartier de Thaketa, un des plus pauvres de Rangoon. Là, sur de minuscules marchés installés dans des ruelles, entre les cabanes de bois défoncées, on vend du riz. Il coûte 4 kyats[1] la mesure, une vieille boîte de lait condensé peinte en rouge. Le double de l'année précédente.

— Nous n'avons jamais assez de riz pour oublier la faim. J'ai besoin de 25 kyats par jours pour nourrir ma famille, je n'en gagne que 200 par mois, m'a dit un homme très digne et très maigre, torse nu, la taille ceinte d'un longyi à carreaux avec, aux pieds, des sandales taillées dans un vieux pneu. Seulement, nous n'osons pas nous plaindre. Il y a si longtemps que nous n'avons pas mangé de poisson. Deux de mes enfants sont morts de malnutrition. Et encore, j'ai une pension de l'armée qui me permet de ne pas mourir complètement de faim.

Comme un jeune homme s'approchait, il s'éloigna vivement. Le nouvel arrivant, sûrement un mouchard du MIS, ne me quitta plus d'une semelle. Les Birmans n'ont pas le droit de se plaindre, surtout à des étrangers. Ils doivent avoir trois ou quatre jobs différents pour arriver à juste se nourrir. Ce pays, qui était, il y a quarante ans, un des endroits les plus prospères du Sud-Est asiatique est devenu l'un des plus pauvres du monde. En 1987, le gouvernement de Ne Win, toute honte bue, demanda aux Nations Unies

1. 4 kyats = 5 francs.

de le mettre sur la liste des « pays sous-développés », afin de pouvoir recevoir une partie de l'aide internationale. Sa demande fut acceptée : aujourd'hui, le revenu moyen d'un Birman est de 210 dollars par an[1]. Et encore, cela ne correspond pas toujours à la réalité... Beaucoup vivent avec encore moins.

L'exemple du riz n'est pas le seul.

Avant Ne Win, la Birmanie, productrice de pétrole, en vendait à tous ses voisins moins favorisés. Aujourd'hui, elle n'en produit même pas assez pour ses propres besoins !

Il n'y a qu'à voir les stations-service fermées, les rares voitures privées et même les vols intérieurs de Myanma Airways annulés faute de kérosène. Je voulais aller par la route de Rangoon à Mandalay. On m'en a dissuadé : je ne pourrais jamais me ravitailler en essence durant le trajet. Il valait mieux prendre le train...

Par contre, les véhicules de l'armée roulent sans restriction. L'essence leur est réservée en priorité absolue, avant les ambulances.

L'histoire de cette formidable mais discrète faillite économique est celle d'une utopie de Ne Win : « La voie birmane vers le socialisme. » Encore un tragique avatar du communisme.

Ce manifeste, publié en 1962, est un curieux mélange de marxisme et de xénophobie. A côté de la nationalisation de toute la production, il exigeait l'expulsion des Indiens et des Chinois qui faisaient marcher le commerce et le peu d'industrie. Les expulsés furent remplacés par des officiers passés dans le civil, sans aucune connaissance pratique, bien entendu. Ils s'octroyèrent de grasses sinécures et menèrent le pays droit à la catastrophe, ne connaissant rien à rien.

Une des meilleures illustrations de ce sabotage est l'histoire de la fabrique de verre de Bassein. Un caprice de Ne Win. Visitant la région, il avait déclaré :

_____
1. 1 200 francs français environ.

— On va construire une verrerie ici !

Personne n'osa lui faire remarquer que la matière première, une certaine qualité de sable, n'existait pas dans la région. Donc, l'armée se mit à importer le sable pour fabriquer les produits. Seulement, il y avait un problème. Les Birmans n'avaient pas le premier sou pour acheter la production de l'usine... Donc l'usine se mit à la stocker. Au bout de quelques mois, elle n'eut plus d'argent pour acheter la matière première, puisqu'elle ne vendait rien.

Mais personne n'avait le courage d'avouer au général Ne Win ce qu'il advenait de son idée. Aussi le directeur, un colonel, eut-il une idée aussi géniale que kafkaïenne. Pour continuer à faire fonctionner la verrerie, il donna l'ordre de briser les objets fabriqués et d'en refabriquer de nouveaux avec les anciens ! Fonctionnant ainsi en circuit fermé, la verrerie parvint à tourner pendant plusieurs mois... jusqu'au jour où il n'y eut plus d'argent pour acheter le fuel. Elle s'arrêta alors, laissant un stock de 500 millions de kyats en produits complètement inutilisables : non absorbables par le marché intérieur et non exportables à cause de leur mauvaise qualité...

Avec des méthodes pareilles, il n'est pas étonnant que le pays se soit ruiné...

L'aide internationale octroyée à la Birmanie a seulement permis à l'armée de monter une gigantesque opération de marché noir.

Comme j'avais besoin d'une aspirine, j'ai été dans une des rares pharmacies encore ouvertes de Rangoon. On m'a proposé toutes sortes de médicaments qui avaient tous un point en commun : leur date d'utilisation était périmée depuis un laps de temps, allant de trois mois à deux ans. Le vendeur se pencha alors vers moi et me dit à voix basse :

— Si vous avez des dollars, c'est différent.

Je repartis avec une boîte de Bayer toute neuve. Pour deux dollars.

Quant aux Birmans, ils se contentent de produits qu'ailleurs on ne donnerait pas à des animaux.

Tout pose problème à Rangoon.

Il n'existe plus un seul restaurant birman. Seules quelques gargotes servent une nourriture vaguement chinoise et carrément infecte. Explication : les cuisiniers chinois ont été expulsés.

Dans cette économie en circuit fermé, on peut se demander d'où vient l'argent. Car une infime minorité de protégés du régime vit très bien, voyage à l'étranger, habite des maisons agréables et boit de l'alcool. Tous ces avantages proviennent, soit de l'aide internationale, soit du trafic d'opium. La Birmanie est le plus grand producteur de pavot du Sud-Est asiatique. La plupart des plantations sont entre les mains des maquisards du parti communiste qui ont troqué la doctrine pour le business. Comme ils ont besoin de la complicité de l'armée pour faire transiter leur opium jusqu'aux ports d'embarquement, cela donne lieu à de fructueux échanges.

Une amie birmane m'a emmené à Bogyoke Market, en plein centre de Rangoon. Là, on trouve de tout, mais payable en devises : depuis les chaînes stéréo jusqu'au mouton-cadet. Bien entendu, l'immense majorité de la population doit se contenter de regarder ces merveilles et de se nourrir de quelques bols de riz avec du poisson séché, lorsqu'il y en a.

Officiellement, le change est de 6 kyats pour un dollar alors qu'au marché noir, il vaut cinq fois plus. Mais comme il n'y a pas de système bancaire privé, le taux de change est totalement artificiel.

Les quelques richesses du pays sont bradées aux généraux thaïs pour une bouchée de pain, afin d'acheter leur neutralité. Le teck est vendu au centième de son prix du cours mondial et les devises, empochées par les amis de Ne Win. Les zones de pêche sont cédées aux Thaïlandais qui débarquent avec du matériel sophistiqué, alors que les pêcheurs birmans n'ont que de vieilles barques poussives.

Dans n'importe quel autre pays, la population se serait déjà soulevée. Comme je demandais à un Birman comment

Ne Win parvenait à maintenir ses citoyens dans cette vie misérable, il me montra University Avenue enjambée par les fameuses passerelles.

— En août 1988, ici, des centaines d'étudiants sont tombés sous les rafales des soldats. Ils défilaient pacifiquement pour demander que le régime évolue un peu ; ils n'avaient pas d'armes, ils ne criaient même pas. Il y avait des bonzes avec eux. Ce sont les premiers qui ont été fauchés. Les médecins qui soignèrent les blessés furent arrêtés et torturés ! Maintenant, tout le monde a peur. Parce que Ne Win fait ce qu'il veut. Les pays étrangers n'ont pas bougé. Nous sommes seuls ici, comme sur une autre planète. Il faut prier pour que Ne Win meure. C'est tout ce qu'il nous reste.

Si le général Ne Win a pu se maintenir malgré sa catastrophique expérience « socialiste », c'est qu'il a transformé la Birmanie en une dictature militaire féroce, en un État policier, aidé en cela par la nature profonde des Birmans, bouddhistes et pacifistes dans l'âme.

Toutes les formes de communication : livres, radio, journaux, télévision, musique, sont contrôlées par l'armée.

Toute protestation antigouvernementale entraîne l'arrestation immédiate, souvent suivie de torture et parfois de la mort. Chez une vieille antiquaire, j'ai rencontré un homme qui m'a raconté son aventure. Il s'était plaint à un ami qu'il ne pouvait plus nourrir sa famille et qu'il voulait émigrer. Cet ami était un mouchard du MIS. Un pauvre petit mouchard qui touchait tous les mois pour sa trahison quelques kilos de riz et une cartouche de cigarettes State Express 555.

Arrêté, l'homme à qui j'ai parlé fut emmené dans une caserne et battu. Ensuite, pour lui donner une leçon, on exécuta devant lui un autre prisonnier politique. Il croyait sa dernière heure venue. Mais ce fut plus subtil. On l'attacha au cadavre et on descendit les deux hommes, le mort et le vivant liés par une corde, dans un puits plein d'eau. Il resta là trois jours, sans manger, buvant l'eau croupie du puits, attaché au cadavre qui pourrissait doucement...

Lorsqu'on le remonta, les soldats le battirent encore avant de le renvoyer chez lui en l'avertissant que la prochaine fois qu'il se plaindrait du gouvernement, ce serait lui qui ferait le cadavre...

On comprend que les gens se taisent.

Ils n'ont, en plus, aucune possibilité de se divertir, d'oublier leur condition. Toutes les distractions, cinémas, théâtres, dancings, ont été supprimées. Il ne reste que les meetings politiques et les visites aux pagodes.

Le plus désespérant pour ces malheureux, c'est que la loi n'existe plus. Il n'ont aucun recours. En 1988, Amnesty International découvrit que trente-six musulmans bengalais moisissaient depuis vingt et un ans dans la prison de Rangoon, accusés d'entrée illégale dans le pays !

Sans jugement, bien entendu.

Les Bengalais voisins ne sont pas les seules victimes de la sauvagerie de la répression. Les minorités ethniques, comme les Karens qui occupent un territoire montagneux à la frontière thaïlandaise, sont l'objet de nombreux mauvais traitements. La liste des faits relevés par Amnesty International ressemble à un roman du Marquis de Sade... Des dizaines de villageois ont été tués, poignardés, ont eu la gorge tranchée, ont été noyés, étranglés, pendus ou battus à mort. Quelquefois même, on leur a arraché les yeux, pour la seule raison qu'ils n'étaient pas de sang birman.

De la purification ethnique avant la lettre.

En ce qui concerne le maintien de l'ordre « ordinaire », le général Ne Win a toujours appliqué une méthode simple et efficace : on tire aveuglément, les cartouches coûtant moins cher que les gaz lacrymogènes.

Quatre mois après sa prise de pouvoir, en 1962, les étudiants de l'Université de Rangoon organisèrent une manifestation pour protester contre les nouveaux règlements. Ne Win n'hésita pas à envoyer ses troupes d'élite sur le campus. Ils ouvrirent le feu et abattirent plusieurs centaines d'étudiants, filles et garçons, brûlant pour faire bon poids, le bâtiment abritant l'Union des Étudiants, symbole nationaliste depuis le XIXᵉ siècle.

Ironie suprême, au même moment, U Thant, secrétaire des Nations Unies, incarnation du pacifisme et de la neutralité, faisait l'unanimité aux yeux du monde extérieur ignorant des horreurs qui se déroulaient dans son pays d'origine, depuis 1962.

Et il n'y en eut pas jusqu'à la mort de cet homme pacifique, apprécié de tous, pour déchaîner la furie de Ne Win. Lorsque U Thant disparut en 1974 et que sa dépouille fut rapatriée à Rangoon, plusieurs milliers de Birmans attendaient son cercueil pour l'accompagner vers sa dernière demeure. Des étudiants, surtout, et des bonzes, qui voulaient faire ériger un monument en souvenir de lui. Cela irrita fortement Ne Win. Le lendemain matin, des soldats envahirent à nouveau l'université et se mirent à massacrer à coups de baïonnettes tous ceux qu'ils y trouvèrent...

Encore quelques centaines d'opposants dont le sort fut réglé.

Afin d'éviter toute manifestation de sympathie pour U Thant, Ne Win donna l'ordre de le faire enterrer près de la pagode Shwedagon, sous trois mètres de béton... Quant aux manifestations, la loi martiale y mit très vite fin.

Lorsque je me trouvais à Rangoon, j'ai été visiter ce mausolée. Un bloc gris d'une tristesse à mourir, au sol d'une saleté repoussante, et dont le plafond s'effondre.

Quand on pense qu'il fut le Birman le plus connu du monde !

L'apothéose des tueries eut lieu entre 1987 et 1988. D'abord, en avril 1987, lorsque des étudiants tombèrent sous les balles, dans University Avenue. Mais le pire restait encore à venir.

En mars 88, les soldats arrêtèrent une cinquantaine d'étudiants qui se disputaient avec des ouvriers à propos de musique moderne. Quarante et un d'entre eux, garçons et filles, furent enfermés dans un car de police après avoir été sauvagement battus. Pour s'amuser, les policiers les laissèrent alors enfermés plusieurs heures sous un soleil de 40°. Lorsqu'on ouvrit les portes du véhicule, on dénombra quarante et un morts...

Ce fut le début du plus important massacre de toute l'époque Ne Win, pourtant riche en horreurs. Bien entendu, après la découverte des étudiants étouffés, leurs camarades se mirent à défiler, réclamant justice. Cette fois, ils tombèrent par centaines sous les rafales des soldats de Ne Win, abandonnés sur place, de façon à ce que les diplomates étrangers puissent les compter. Même les Thaïlandais protestèrent officiellement contre cette sauvagerie.

— J'ai vu un camion de l'armée foncer sur un groupe de manifestants, m'a raconté un témoin. Des garçons et des filles très jeunes. Il en écrasa une demi-douzaine et revint sur ses pas pour les achever. Quelques semaines plus tard, toutes les universités étaient fermées et lors de mon passage à Rangoon, elles l'étaient toujours.

Ce fut la dernière grande manifestation contre le régime Ne Win. Traumatisés, les étudiants et la population décidèrent que ce n'était plus la peine de s'opposer au féroce général. L'extermination des étudiants se poursuivit jusqu'en décembre 1988, partout dans le pays, mais il ne s'agissait plus que de petits massacres, plus discrets, et d'exactions individuelles.

Évidemment, on peut se demander comment une dictature aussi longue et aussi cruelle a pu perdurer sans finir par un bain de sang, même sans intervention extérieure. L'explication se trouve dans la pratique birmane du bouddhisme. Un professeur de l'Université a tenté de me l'expliquer :

— Tout est dans la façon dont les gens appellent Ne Win, leur bourreau. Ils utilisent un mot birman « Thrall » qui pourrait se traduire par « Tout-Puissant », comme on dit de Dieu. Le bouddhisme birman est fondé sur la notion de « mérite ». Si un leader a gagné une place en vue, elle est due aux « mérites » qu'il a accumulés dans une vie précédente. Donc, on ne peut rien contre lui, c'est la volonté de Dieu. Et il ne faut même pas s'opposer à lui car ce serait offenser Dieu qui lui a décerné ces mérites... D'ailleurs, dans la religion bouddhiste comme dans le catholicisme, dans une certaine mesure, le but du passage sur terre est la souffrance. C'est pour cela que les gens aspirent autant au « nirvana », l'autre monde où il n'y a pas de souffrance...

Pour nous Occidentaux, cette attitude est difficile à comprendre, mais il s'agit pourtant de la clef du comportement birman, du moins du peuple en général. Car, Ne Win, lui, n'est pas fou. En plus de son aura de « méritant », il s'est assuré l'appui puissant d'une organisation militaire et d'une police secrète efficace afin de se maintenir au pouvoir.

De plus, tous les contacts entre la Birmanie et le monde extérieur sont limités au minimum. Dans le sens Birmanie-étranger, c'est très simple : à part quelques partisans sûrs, aucun Birman n'a le droit de sortir du pays. Le tourisme, seule possibilité de contact avec d'autres pays, est réduit à sa plus simple expression. Des visas d'une très courte durée, sont délivrés en très petit nombre. D'ailleurs, la flotte commerciale des Myanma Airways est en effectif restreint. En dix ans, elle est passée de quinze appareils à cinq. Et encore, trois de ces derniers ne volent pas régulièrement, faute d'entretien. Le meilleur, un Fokker 28 biréacteur, est constamment réquisitionné par le gouvernement, sans préavis. Un mois avant mon passage, des touristes sont restés bloqués une semaine au nord du lac Inya, survivant dans la salle d'attente d'un aéroport de province. L'avion qui leur était destiné avait été réquisitionné par le général Ne Win pour promener des amis thaïs en visite.

Les formalités de douane et de police sont lentes et tatillonnes. A Yangoon Airport, le nom birman de Rangoon, un bâtiment blanchâtre et décati, la climatisation n'existe pas. Tout étranger est considéré d'un œil soupçonneux.

Partout on croise des Birmans émaciés, au regard aigu, qui s'intéressent de très près à vos faits et gestes, vous suivant lorsque vous allez à la banque changer de l'argent dont le cours officiel semble complètement invraisemblable : 6 kyats pour un dollar, ce qui rend la Birmanie plus chère que le Japon ! Les mouchards de la MIS ont tout pouvoir sur les Birmans comme sur les étrangers.

Je les ai vu ouvrir froidement la valise d'un diplomate australien, protégé par l'immunité diplomatique, et la fouiller de fond en comble, volant au passage les petits objets qui leur plaisaient. Pas question de protester : on vous remet immédiatement dans l'avion si vous êtes étranger, on vous arrête si vous êtes Birman. Dans ce dernier cas de figure, vous pouvez être interrogé pendant des heures, battu, torturé et relâché sans avoir le droit de dire un mot. Sinon, on vous tue, tout simplement.

C'est le MIS qui a décapité le mouvement étudiant. 80 % de ses leaders ont été, soit assassinés, soit jetés en prison où ils se trouvent toujours. Les autres ont fui, la plupart en Thaïlande, d'autres ont rejoint les Karens qui se battent contre l'armée birmane depuis un quart de siècle dans la jungle de la frontière est. Sans aucun espoir d'ailleurs.

Les étudiants birmans réfugiés à Bangkok ont fait une triste découverte. Ils étaient persuadés que les États-Unis ignoraient ce qui se passait dans leur pays et qu'une fois avertis, ils réagiraient. Or, on leur a poliment expliqué à l'ambassade américaine que la Birmanie n'était pas considérée comme une urgence et qu'il fallait attendre, protester, prendre patience. Ceux qui ont trop insisté, devenant gênants, ont été discrètement signalés à la police thaïe. Celle-ci les a arrêtés, leur a demandé une caution qu'ils ne pouvaient évidemment pas réunir, et, dans le même temps, les a expulsés en tant qu'étrangers en situation irrégulière.

Vers la Birmanie où les attendaient les hommes du MIS.

Pour l'exemple, un certain nombre d'étudiants ont été tués sur place. Les autres furent exilés dans la jungle du pays Karen pour servir de démineurs.

On peut se demander pourquoi les Thaïs agissent ainsi. Il y a plusieurs raisons dont l'une est très terre à terre. La Thaïlande est pratiquement le seul pays à commercer avec la Birmanie, à cause de leur frontière commune. C'est donc un très bon client. En raison de l'embargo qui frappe la Birmanie et comme les pays responsables et convenables refusent de traiter avec Rangoon, les Thaïs sous-traitent. Ce sont eux qui, par exemple, exploitent les essences précieuses de la forêt birmane, acheminent le bois en Thaïlande et le vendent aux Suédois, comme bois thaï. De même, toutes les pagodes birmanes ont été systématiquement pillées au profit des antiquaires de Bangkok.

L'interface entre les deux pays se fait à travers les généraux birmans et thaïs. De tout temps, l'armée thaïe a formé une caste à part, la plus puissante du pays, profondément engagée dans les affaires. Les généraux thaïlandais entretiennent d'excellentes relations avec leurs homologues birmans, relations très fructueuses pour les deux parties. Quand les Birmans ont besoin d'armes, ils trouvent toujours un moyen de s'en procurer, et en ce qui concerne l'opium, les deux camps fonctionnent la main dans la main.

Mais il faut savoir que, les États-Unis ne sont pas mieux disposés envers les étudiants birmans que les Thaïs. Un exemple. Celui de Yusana Khin, réfugiée à Bangkok, ex-trésorière de l'Association des Étudiants birmans. Désirant émigrer aux États-Unis, elle était soutenue par plusieurs groupes de défense des Droits de l'Homme. Or, l'ambassadeur des États-Unis à Bangkok, sur instruction de Washington, mit longtemps avant de lui accorder un visa, allant même jusqu'à lui suggérer de retourner à Rangoon chercher les papiers qui lui manquaient.

Autant demander à un Juif en 1942, réfugié au Portugal, de retourner en Allemagne demander un certificat de la Gestapo...

L'explication de cette attitude honteuse nous est fournie par la hantise des Américains pour le trafic de drogue. Ils ne veulent surtout pas se mettre à dos les Birmans dont ils espèrent la collaboration dans la lutte contre les stupéfiants. Espoir totalement illusoire, l'armée birmane étant totalement corrompue et liée aux barons chinois du Triangle d'Or.

Voilà pourquoi Ne Win arrive à maintenir une dictature féroce, rétrograde, xénophobe, au vu et au su de tous. Sûr de son pouvoir absolu, il a transformé la Birmanie en un pays ubuesque, soumis à ses caprices imprévus. Officiellement, il mène une vie paisible et simple, dans une maison composée de trois bâtiments, située au bord du lac Inya, dans la partie nord de Rangoon. Deux mille soldats sont postés autour de sa propriété, protégée de mines, de barbelés et de bunkers.

Il sort rarement, parfois pour mener quelques expéditions « punitives » alentour.

On m'a raconté qu'un jour, il a surgi à l' « Inya Lake Hotel » entouré de ses gardes du corps et qu'il s'est rué sur le batteur de l'orchestre, le bourrant de coups de pieds et, finalement, crevant sa grosse caisse. La musique parvenant jusqu'à sa propriété l'avait incommodé...

Une autre fois, il a poursuivi sur un terrain de golf un homme qu'il suspectait d'avoir fait des avances à une de ses femmes. Après l'avoir assommé à coups de club de golf, il a repris son parcours comme si de rien n'était. C'est lui qui a lancé le golf en Birmanie, où ce jeu était totalement inconnu jusqu'aux années 60. Dès qu'il a fait savoir son goût pour cette activité, une centaine de terrains ont fleuri afin de plaire au maître du pays...

Ne Win est un homme de contraste. Tout le monde connaît son goût pour les femmes : il a été marié sept fois, et on lui attribue une multitude d'aventures. Pourtant, il a imposé en Birmanie un code moral incroyablement strict. Il est interdit de publier des photos de couples en train de s'embrasser et tous les dancings, discothèques, night-clubs sont formellement prohibés. A dix heures du soir tout est fermé à Rangoon : on se croirait dans une petite ville de province.

Il paraît qu'il s'agit là davantage d'une manifestation de sa xénophobie galopante que de pudeur. Ne Win hait tout ce qui est étranger. Lorsqu'il a pris le pouvoir en 1962, son premier geste fut de nationaliser l'industrie, les banques, les commerces et la plupart de la distribution, sans verser la moindre compensation. Ensuite, il a dépouillé les Indiens et les Chinois de leur nationalité birmane, y compris ceux qui vivaient dans le pays depuis des dizaines d'années, et leur a confisqué tous leurs biens. 200 000 d'entre eux furent obligés de fuir le pays sans la moindre ressource.

Depuis, il a fait beaucoup mieux...

A cause de leur résignation, les Birmans ont pratiquement tout accepté de Ne Win, considéré comme une calamité naturelle.

La grande explosion de révolte de 1988 avait été précédée par une décision totalement folle du dictateur, poussé alors par son âme damnée, l'astrologue U Nga Myaing.

En septembre 1987, le gouvernement birman annonça tout à coup que toutes les coupures de 75, 35 et 25 kyats n'avaient plus de valeur. Elles étaient remplacées par des billets de 90 et 45 kyats.

A première vue, il s'agit d'une mesure assez banale. Seulement, il faut ajouter que les anciennes coupures n'étaient pas échangeables ! Ce qui éliminait 56 % de la masse monétaire en circulation, liquidant d'un coup toutes les économies de la plupart des Birmans.

En effet, en Birmanie, personne ne dépose d'argent à la banque : pour le retirer, il faut faire la queue une demi-journée et convaincre le caissier que vous avez une bonne raison de récupérer votre propre argent. Les conséquences de la folle décision de Ne Win furent tragiques : les étudiants n'avaient plus de quoi payer leurs études, les gens ne pouvaient plus régler leurs factures...

Je parlai de cette réforme à un colonel en retraite de l'armée birmane, rencontré à l' « Inya Lake Hotel ». Il me dit tristement :

— Dans cet échange, j'ai perdu toutes mes économies : 1 600 dollars. Même l'armée n'était pas prévenue. Nous avons eu seulement un mois de solde supplémentaire.

Comme je lui demandais l'explication de ce geste fou, il sourit avec tristesse et dit :

— C'est à cause du nombre 9. Ne Win a toujours été féru de numérologie. Il est persuadé que le nombre 9 lui est très favorable. 45 et 90 sont des multiples de 9. Voilà pourquoi il a voulu ces nouveaux billets. D'ailleurs, au pays de Ne Win, tout tourne autour du nombre 9.

Le coup d'État militaire qui mena aux massacres d'étudiants en 1988 eut lieu le 18 septembre. Septembre est le neuvième mois de l'année. La fête des forces armées est célébrée le 27 (3 fois 9). Le parti gouvernemental est enregistré sous le numéro 9.

Pourtant, les Birmans n'ont jamais pardonné cet échange de billets à Ne Win, il a ruiné trop de gens. Depuis, les billets de 45 et 90 kyats ne sont pratiquement pas utilisés, sauf par les gens de passage. Les Birmans ont peur d'un nouvel échange. Ils n'utilisent plus que les petites coupures, ce qui les force à en transporter des volumes énormes. Dans le train Rangoon-Mandalay, j'ai rencontré un marchand qui allait acheter des pierres précieuses dans le Nord. Il avait avec lui un énorme sac plein de billets de 5 kyats !

Entre les mesures folles, les massacres et l'emprise omniprésente de l'armée, les Birmans courbent la tête depuis trente ans. Sans beaucoup d'espoir de changement. Les rues de Rangoon sont calmes, trop calmes peut-être. On a l'impression d'une vie normale, bien que figée dans le passé. On a des bonzes, des pagodes, des gens à bicyclette, les étranges petits bus verts bondés, les taxis collectifs avec leurs bancs de bois. Quand ils croisent le regard d'un étranger, les Birmans sourient. Le doux sourire de Bouddha, vieux comme la terre.

On peut penser que Ne Win, maintenant officiellement retiré en raison de son âge, a gagné la partie. Que la dictature apolitique dont il a huilé tous les rouages va lui survivre. Éternellement.

Il a eu un dernier caprice avant de quitter le pouvoir : changer le nom de la Birmanie en Myanma, l'ancien nom du pays avant la colonisation.

Pourtant, il y a un tout petit espoir pour les malheureux Birmans. Je me promenais à Rangoon avec ma guide de Myanma Travel, lorsqu'elle me conseilla :

— Prenons University Avenue, jusqu'au lac.

Nous nous trouvions dans le nord de la ville, près du lac Inya que University Avenue longe au sud. Nous suivîmes une grande rue bordée de propriétés donnant sur le lac, et dont les toits émergent de grands jardins tropicaux. Rien de particulier... Soudain, j'aperçus une guérite avec un soldat ainsi que tout un périmètre entouré de barbelés. Sur quarante mètres, des chevaux de frise, rangés sur le trottoir, permettaient d'interrompre la circulation de l'avenue en quelques secondes.

— C'est une ambassade, demandé-je ?

Ma guide me jeta un regard étonné.

— Non, c'est la maison de Aung San Suu Kyi. Vous ne savez pas qui c'est ?

J'avouai mon ignorance et la jeune Birmane me dit à voix basse, comme si on avait pu l'entendre :

— C'est notre seul espoir, dit-elle. La fille de notre héros national, Aung San, assassiné en 1947. Elle vivait à l'étranger avec son mari, mais quand elle a appris ce qui se passait en Birmanie, elle a tout abandonné pour revenir, en 1988.

C'est ainsi que j'appris l'étonnante histoire de cette femme, âgée de cinquante et un ans aujourd'hui. Lorsqu'elle revint en Birmanie, l'opposition à Ne Win cherchait désespérément un leader, quelqu'un qui n'ait jamais été compromis avec la clique des généraux. Suu Kyi tombait au bon moment. Comme Benazir Bhutto ou Cory Aquino,

elle était un symbole parfait. Fille d'un héros de l'in
dance birmane, elle se dressait pour arracher son pays aux
griffes d'une dictature sanglante. De plus, elle était une
brillante universitaire parlant couramment anglais et
birman.

Elle n'hésita pas à accepter le rôle qu'on lui proposait :
son mari et ses deux enfants retournèrent en Europe où ils se
trouvent toujours, et elle, elle resta seule pour affronter Ne
Win.

Ce dernier venait officiellement de s'effacer, laissant la
place à une junte commandée par le général Saw Maung.

Tout aurait pu continuer comme avant, sans la pression
extérieure. Devant la férocité de la dictature militaire, les
trois pays qui épaulaient le plus la Birmanie : Japon,
Allemagne et États-Unis, avaient cessé toute aide et
exigeaient des élections. Or, les réserves de change étaient
pratiquement à zéro et le gouvernement avait désespérément besoin de cette aide. Donc, il décida d'organiser des
élections. Deux partis restèrent en lice : le National Unity
Party, celui du gouvernement et la National League for
Democracy dont le leader était Aung San Suu Kyi.

La préparation de ces élections fut absolument incroyable. Elles avaient été fixées au mois de mai 1990. Mais, dès
1988, une vague d'arrestations décapita le mouvement
d'Aung San Suu Kyi. Celui-ci se vit refuser toute déclaration
à la presse, à la radio ou à la télévision. Un décret interdit les
rassemblements de plus de quatre personnes.

Quant à Aung San Suu Kyi, elle fut persécutée de toutes
les façons possibles. Lorsqu'elle tenait des meetings hors de
Rangoon, des camions équipés de haut-parleurs fournis par
l'armée conseillaient aux gens de ne pas venir l'écouter sous
peine d'être étiquetés comme « communistes ». Ce qui, en
Birmanie, est l'équivalent d'une condamnation à mort.

Elle faillit être assassinée par un capitaine de l'armée, soi-
disant en état d'ivresse.

Le gouvernement répandit des dizaines de milliers de
tracts orduriers, attaquant sa vie privée.

Aung San Suu Kyi arriva malgré tout à tenir une conférence de presse pour les journalistes étrangers, sur le perron de sa maison, dans University Street, en juillet 1988. Ce fut sa dernière apparition en public. Le 19 juillet, le Martyrs' Day, l'anniversaire du jour où son père avait été assassiné, elle avait prévu une grande manifestation de tous ses supporters.

La veille, le gouvernement publia un décret donnant pouvoir à tous les officiers d'arrêter les manifestants et de les condamner selon leur choix à : trois ans de prison, la prison à vie ou l'exécution immédiate.

Craignant un bain de sang, Aung San Suu Kyi annula la manifestation. Le lendemain, le 20 juillet, des troupes entourèrent la maison devant laquelle je suis passé deux ans plus tard et assignèrent le leader à résidence, lui interdisant tout contact avec l'extérieur. Son téléphone fut coupé, et les diplomates n'eurent pas même le droit de venir lui rendre visite. Dans les jours qui suivirent, un nombre impressionnant d'arrestations détruisit toute l'infrastructure de son mouvement. Le gouvernement ne prit même pas la peine de le dissoudre.

Aung San Suu Kyi enfermée, ses cadres en prison, Ne Win ne craignait plus rien. Pour faire de la place dans les pénitenciers, on libéra environ dix-huit mille criminels de droit commun qui se livrèrent à un pillage en règle de la ville. La situation n'avait guère évolué lorsque je suis arrivé à Rangoon. Aung San Suu Kyi était toujours en résidence surveillée, privée de tout contact. Elle me fit penser à la pièce d'Eugène Ionesco, « Amédée ou comment s'en débarrasser », où un cadavre ne cesse de grandir dans le placard où on l'a caché. En effet, le gouvernement militaire est pris dans un dilemme. S'il libère Aung San Suu Kyi et autorise les élections, il est sûr d'être balayé par un mouvement populaire de grande ampleur.

Si on la tue, l'indignation internationale achèvera d'isoler le pays du reste du monde.

Et, tant qu'elle demeure séquestrée, aucun pays n'accordera à nouveau une aide pourtant cruciale...

Son arrivée en Birmanie a provoqué une sorte de catharsis. Le peuple a pris conscience que la junte n'était pas invulnérable. Durant mon séjour à Rangoon, j'ai pu rencontrer, difficilement, des opposants. Il m'a fallu suivre un parcours compliqué, qui passa d'une diseuse de bonne aventure à une des innombrables boutiques de la pagode de Schwedagon... pour finalement me trouver en face de trois jeunes gens apeurés, regardant sans cesse par-dessus leur épaule.

— Vous avez pu voir « Daw » Aung San Suu Kyi ?, me demanda l'un d'eux plein d'espoir.

« Daw » signifie Madame.

Je dus avouer qu'il n'en était rien. L'ambassadeur de France m'avait vivement recommandé de ne pas même prononcer son nom devant des officiels, sous peine d'expulsion immédiate. Mes interlocuteurs furent très déçus. Pourtant, l'un d'eux me déclara :

— Il faut dire à l'extérieur que la Résistance continue, que nous ne nous résignons pas. Dès que Daw Aung San Suu Kyi sortira, nous serons avec elle. Et puis, nous avons de nouveaux alliés.

Il extirpa d'une poche une photo d'un bonze au crâne rasé, tout rond, avec un nez épaté, une bouche de poisson et un regard d'une force extraordinaire.

— C'est « Red Eagle », dit-il. Nous ne savons pas son vrai nom. C'est un bonze très cultivé et très écouté. Il a fondé un mouvement clandestin pour aider Daw Aung San Suu Kyi. Il y a des ramifications dans tout le pays.

J'avais entendu parler de « Red Eagle » à Bangkok. Son existence signalait un tournant dans l'attitude du clergé bouddhiste à l'égard de la dictature militaire.

Depuis 1962, pour des raisons obscures, les bonzes les plus respectés, bien que passionnément épris de paix, n'avaient vraiment jamais protesté contre les atrocités commises par la bande Ne Win. Pourtant certains avaient été assassinés, mais si on peut dire, au compte-gouttes, par rapport à la population civile. De plus, les militaires les couvraient d'honneurs, jusqu'à faire construire un escalier mécanique pour accéder à la pagode Shwedagon.

Le seul de tout le pays.

Lors des troubles d'août 1988, les bonzes s'étaient manifestés à Mandalay, la seconde grande ville de Birmanie, prenant de facto le pouvoir. Il faut dire que Mandalay, dans le nord, a toujours été une place forte de la religion. Les moines, armés d'épées, firent régner l'ordre durant « L'été de Rangoon », empêchant les commerçants d'augmenter leurs prix, tenant des réunions dans les pagodes, les monastères et sur les places publiques. Le prix des bicyclettes et du riz baissa. Curieusement, l'armée se retrancha dans la vieille cité, au centre de la ville.

Hélas, cette république libre ne dura pas.

Le 18 septembre à 4 heures de l'après-midi, toutes les radios du pays se mirent à jouer de la musique militaire et annoncèrent simplement que le gouvernement civil était dissous, remplacé par un « comité de restauration de l'Ordre et de la Loi ».

A Rangoon, d'horribles tueries commencèrent immédiatement. Les troupes tiraient sur tout ce qui bougeait, et même sur les ambassades. Des témoins virent des soldats à Kyandaw Cemetery enterrer les blessés en même temps que les morts. Ou encore, les brûler vifs. Plus d'un millier de personnes furent tuées en trois jours.

A Mandalay, où je me suis rendu par la suite, les choses se passèrent d'une façon légèrement différente.

Les troupes pénétrèrent volontairement dans les pagodes sans se déchausser et massacrèrent quelques bonzes qui leur résistaient. Au fond d'une fabrique de tapisseries, j'ai retrouvé un moine qui a bien voulu me parler de cette période, d'une voix presque inaudible.

— C'était horrible, me dit-il. Les soldats ne respectaient plus rien. Ils étaient très jeunes et leurs chefs les avaient fait boire. On leur avait dit que tous les bonzes étaient des communistes. Ils avaient les yeux rouges à cause de l'alcool qu'ils avaient bu. Et puis, il y a une tradition de sauvagerie chez Ne Win. Partout dans le monde, on disperse les manifestations avec des gaz lacrymogènes. Ici, ils ont ordre de tirer.

Aujourd'hui, Mandalay a repris son aspect paisible, celui d'une grande ville plate, pleine de charme, où pullulent les bonzes. L'armée est peu visible, mais omniprésente. Un seul hôtel accueille les étrangers venus visiter les trésors du Nord, après un voyage en train épuisant, au départ de Rangoon. Partout, des fillettes tissent inlassablement des « kalagas », les célèbres tapisseries birmanes, accroupies sur le sol.

A cinq cents kilomètres de Rangoon, on a l'impression de vivre dans un autre pays.

Que va-t-il advenir de la Birmanie ?

Ne Win est très âgé, mais le système peut tenir indéfiniment. L'opposition intérieure, en dépit des efforts de « Red Eagle », n'aura jamais la force de s'opposer à l'armée. Celle-ci est devenue un monstre froid, dirigé par des officiers inconnus qui n'ont qu'une idée en tête : garder le plus longtemps possible un pouvoir qui leur permet de mener une vie de rêve. Tandis que la population meurt de faim, privée de toute liberté essentielle, une petite « nomenklatura » vit luxueusement.

Avant de partir, j'ai assisté à une réception donnée par les amis du régime au « Inya Lake Hotel » : somptueux. Les femmes portaient des longyi brodés d'or et d'argent, des bijoux scintillants, l'alcool coulait à flots, les tables croulaient sous de vertigineux buffets. Le tout, servi par des garçons au sourire impénétrable qui vivent d'une boule de riz par jour, avant d'aller brûler quelques bâtonnets d'encens à la pagode.

On ne parle jamais d'Aung San Suu Kyi. Comme si elle n'existait pas. Même les diplomates s'en abstiennent. On sait qu'elle est là, à la fois très proche, puisque, de l'hôtel, on peut voir sa maison, et en même temps inaccessible, comme si elle se trouvait sur une autre planète. Il y a deux ans, croyant débloquer la situation, les jurés du prix Nobel lui ont attribué le prix Nobel de la paix 1991. Invitée à venir le retirer, elle ne s'est pas déplacée. En dépit des pressions internationales, le gouvernement birman a refusé de lui accorder un visa de sortie. Les généraux de Tatmadaw ont peur qu'une fois à l'étranger, elle mène une croisade contre eux, et arrive enfin à déchirer le lourd voile d'indifférence qui entoure la malheureuse Birmanie.

Son mari, qui vit en Angleterre, a été chercher le prix à sa place...

L'histoire de cette femme est extraordinaire. Marquée par l'assassinat de son père, alors qu'elle n'avait pas cinq ans, elle avait réussi à se reconstruire une vie, entourée d'un mari et de ses enfants. Elle a tout sacrifié pour son pays, revenant se jeter dans la gueule du loup, refusant la facilité.

Comme Nelson Mandela qui passa tant d'années dans les prisons sud-africaines pour ne pas se renier, elle attend. Son mari a l'autorisation de lui rendre visite une fois par an. Elle vit une situation unique au monde. Elle n'a jamais été officiellement arrêtée, encore moins jugée, pas même assignée à résidence dans les formes. Non, elle n'existe plus par simple décision des généraux birmans dont elle est la seule véritable ennemie. Totalement désintéressée, raidie dans son amour pour la démocratie et son pays, elle est, d'une certaine façon, indestructible, toujours vivante dans l'esprit des Birmans. Je me trouvais un soir sur l'esplanade de la grande pagode Shwedagon où des centaines de croyants allumaient des cierges devant les innombrables temples, dans une entêtante odeur d'encens. Je remarquai plusieurs jeunes filles agenouillées devant de minuscules photos posées sur des autels. Ma guide me souffla à l'oreille :

— C'est la photo du père de Daw Aung San Suu Kyi, le héros de l'indépendance. Mais c'est pour elle qu'ils prient. On n'a pas le droit de garder sa photo.

Un bonze en robe safran est passé, a jeté un coup d'œil à la photo, s'est arrêté quelques secondes, puis a continué son chemin. Peut-être un des sympathisants de « Red Eagle ».

J'ai quitté la Birmanie le cœur serré. C'est un pays tellement beau, si paisible en apparence, si serein. Englué dans une horreur souriante, il s'est retranché du monde et attend. J'ai peur, hélas, qu'il n'attende encore très long-temps... Il y a quelques mois, en janvier 1993, un convoi inhabituel s'est présenté à la frontière entre la Thaïlande et la Birmanie. Il était composé de personnes de différentes nationalités, de différentes couleurs de peau : l'évêque noir sud-africain Desmond Tutu, Mairead Corrigan, Arias-Sanchez Oscar, Betty Williams, Adolfo Perez Esquivel, le Dalaï Lama et Rigoberta Menchu.

Ils avaient tous quelque chose en commun : ils étaient prix Nobel de la paix. Escortés d'une délégation d'Amnesty International, ils demandaient à entrer en Birmanie pour rendre visite à Aung San Suu Kyi, prix Nobel 1991. Le dialogue entre eux et l'officier qui commandait le poste frontière a été très court.

Il leur a montré un poteau de bois peint aux couleurs birmanes, marquant le territoire national, a fait mettre une douzaine de soldats en position de tir et leur a lancé :

— Si vous allez plus loin que ce poteau, j'ai l'ordre de vous tuer tous.

Tatmadaw n'a pas changé.

2

COLOMBIE
Medellin et Bogota,
les deux mamelles de la cocaïne

L'immense panneau de bois tenu par deux grands piquets se dresse au carrefour poussiéreux et désert, à côté d'une vieille pompe à essence.

« Bienvenue à Puerto Boyaca, capitale colombienne de la lutte antisubversive. »

Afin que l'on comprenne bien le sens de cet avertissement, un mannequin vêtu d'oripeaux rouges se balance, pendu au bout d'une corde... Les lourds nuages bas, la touffeur écrasante, l'air immobile, l'absence de vie donnent l'impression que le temps s'est arrêté. Des rapaces planent et tournoient dans le ciel. Au milieu des pâturages paissent des zébus. A côté du croisement, un cavalier abrité sous un large chapeau blanc, un fusil dans ses fontes, une longue machette à la ceinture, m'observe avec curiosité. On ne voit pas beaucoup d'étrangers dans le Magdalena Medio, la plaine chaude et humide du cœur des Andes, en plein centre de la Colombie, entre Bogota et Medellin. Une zone rurale, sans routes, sans villes, à part Puerto Boyaca, 38 000 habitants et pratiquement aucun moyen de communications.

Un buceta[1] surchargé, avec autant de monde sur le toit qu'à l'intérieur, franchit le carrefour en cahotant sur la route dont le goudron s'en va par plaques.

---

1. Petit bus.

Je le suis. Dans Puerto Boyaca, les rues de terre se coupent à angle droit, bordées de cubes en ciment au toit de tôle ondulée ou de cabanes en bois. De petits cafés crachent des airs de salsa ou de cumbra. Des filles trop maquillées, moulées dans des jeans collants, traînent partout, déhanchées et provocantes. C'est un univers à part, presque irréel. Cela ressemble à une ville de western, avec quelques petites maisons noyées de verdure et perdues au milieu des constructions hideuses, des 4×4 poussiéreux en piteux état et des habitants aux gueules vraiment patibulaires.

Je traverse une majestueuse place carrée et je tombe sur le rio Magdalena, boueux et large, qui coule du sud au nord pour se jeter dans la mer des Caraïbes. Quelques esquifs pourrissent dans la vase et des Noirs, torse nu, déchargent des régimes de bananes entassés dans de longues pirogues pour les jeter dans un gros camion. Deux cafés avec des terrasses en bois abritent quelques clients peu rassurants, immobiles devant des bières vides, le chapeau sur les yeux.

Des haut-parleurs déversent des flots de salsa à vous faire péter les tympans.

On dirait une paisible bourgade. Pourtant, c'est ici le cœur du dispositif des « narcotraficantes », des grands organisateurs du trafic de drogue, riches à milliards, tout-puissants, féroces et insaisissables. Je cherche Pablo Escobar, le vrai nabab (deux milliards et demi de dollars d'après le magazine « Fortune ») qui se cache dans cette région qu'il contrôle totalement.

Un type s'approche en balançant les épaules, à peine aimable, et demande :

— Que quieres, Señor ?[1]

— Je cherche Duque Gaviria.

— Ah, si ! Bueno. A la Casa Municipal, Plaza Simon Bolivar.

_____

1. Qu'est-ce que vous cherchez, Monsieur ?

Il s'éloigne, rassuré. Je ne suis pas un agent de la DEA[1] tant haïe ici. Je remonte vers la mairie.

C'est ici qu'en 1819, l'avenir de l'Amérique latine s'est joué, au pont de Boyaca, enjambant le rio Magdalena. Simon Bolivar et 2 500 soldats y ont écrasé les Espagnols supérieurs en nombre, s'ouvrant ainsi la route de Bogota. Le nom de Bolivar est vénéré ici, comme celui de Napoléon en Corse. Mais Puerto Boyaca n'a qu'une trentaine d'années. Le bourg a été créé par des paysans qui fuyaient la « violencia », la guerre civile qui opposait les Conservateurs et les Libéraux et fit des dizaines de milliers de morts en Colombie.

Depuis, la violence n'a guère baissé d'intensité. La mairie est une véritable fourmilière de « pistoleros »[2] qui ressemblent à des hommes d'Emiliano Zapata. L'ambiance est électrique. On me fait pénétrer dans une grande salle où me rejoint un Colombien en chemise à carreaux, holster à la ceinture d'où émerge la crosse en ivoire d'un Colt 45.

— Buenos dias, Señor periodista[3].

La main est calleuse, la voix rauque, teintée d'agressivité. Rodrigo Duque Gaviria est apparemment l'homme fort de la vallée de Magdalena. D'abord, en tant que maire de Puerto Boyaca. Ensuite, en tant que dirigeant de l'AGDEGAM, l'Association des Éleveurs du Magdalena Medio, qui compte 1 300 membres, tous plus riches les uns que les autres. Politiquement, l'AGDEGAM est légèrement à droite de Gengis Khan. Ce sont ses forces paramilitaires qui ont repoussé les guérilleros du M19[4] ou des Farc dans les montagnes. Liquidant au passage militants de gauche et juges suspects de complaisance à l'égard des « subversivos ».[5] Quand je lui demande où en est

1. Drug Enforcement Administration, administration pour la répression des drogues.
2. Gens armés.
3. Bonjour, monsieur le journaliste.
4. Mouvement de rébellion armée marxiste tout comme les Farc.
5. Subversifs, opposants au régime.

la situation politique, Duque Gaviria m'annonce fièrement :

— Nous avons libéré 600 000 hectares de l'emprise des
subversifs. L'armée n'avait jamais pu en faire autant.

Autour de moi, une douzaine de ses hommes, de ceux
qu'on n'aimerait pas croiser la nuit, suivent avec attention les paroles de leur chef. Ce dernier adore les
interviews...

— Et maintenant ? lui demandé-je, il n'y a plus de
subversifs ?

— Ils sont dans le Nord, loin, fit-il, mais nous veillons.

— On dit, à Bogota, que vous travaillez avec des
« narcotraficantes », que vos hommes leur servent de
milices et que vous les cachez.

Duque Gaviria se met brutalement en fureur. Vraie ou
simulée. Il en oublie son anglais et devient assez difficile à
comprendre.

— C'est de la propagande communiste, proteste-t-il,
parce que j'ai formé un parti, le Morena (Mouvement du
Renouveau National) qui est contre les subversifs. La
guerre contre les « narcos » est une stupidité, martèle-t-il.
Je les connais, ce sont des gens ordinaires, des propriétaires
terriens qui ont bien réussi, des gens pacifiques. Ici, en
Colombie, on ne cultive pas la coca. Je peux vous emmener
dans tout le Magdalena Medio, je vous donne un million de
pesos si vous trouvez un seul plant de coca !

Évidemment, la coca vient du Pérou et du Chili... Il
continue, déchaîné :

— Seulement, Pablo Escobar, Rodriguez Gacha et les
autres sont des anticommunistes, comme nous. On veut
les détruire. C'est pour cela qu'ils sont obligés de se
cacher.

Il se calme d'un coup et remplit mon verre de bière. La
chaleur est tout simplement effroyable. Duque Gaviria me
sourit, calmé.

— Que voulez-vous savoir d'autre ?

— Je cherche à rencontrer Pablo Escobar. A Bogota, les

gens de la DAS[1] m'ont affirmé qu'il se cache dans cette région. Alors, vous qui connaissez tout le monde...

Duque Gaviria a une moue rusée.

— Pablo Escobar ? Mais je ne le connais pas bien. Je l'ai croisé deux ou trois fois. Puisque la DAS sait où il est, pourquoi ne viennent-ils pas le chercher ? Ils ont des hélicoptères, des avions, des soldats, des camions. Nous, nous n'avons que quelques 4X4 et nos chevaux. Bueno (bien), je dois aller au ranch. Hasta luego, Señor. (A bientôt, Monsieur).

Tout le monde part dans un grand cliquetis d'éperons. Il ne reste qu'un vieux scribouillard aux épaules voûtées qui m'arrête au moment où je m'en vais et me dit d'une voix hésitante :

— Señor ? Vous voulez savoir des choses sur Pablo Escobar ? Moi, je suis de Medellin, je le connais bien. Venez tout à l'heure au bar « El Navigante », à côté de l'embarcadère.

Pablo Escobar !

Un des hommes les plus riches du monde, un des trois ou quatre « narcos » qui contrôlent les grands cartels qui se partagent le marché de la drogue. Après s'être plus ou moins caché, il est en fuite, recherché mollement par la police et l'armée colombiennes sous la pression des États-Unis. Il dispose d'une véritable armée privée, de sicarios[2], dans toutes les grandes villes de Colombie, d'hélicoptères, de moyens de transmission sophistiquée, et il a surtout des complices au plus haut niveau dans tous les corps de l'État.

A Bogota, la DAS m'a fait visiter l'appartement qu'il a dû abandonner en toute hâte, dans un somptueux immeuble de marbre blanc, calle 16 Est et 44e Avenue. Un duplex de 1 000 mètres carrés, dont la partie supérieure est un « penthouse »[3] décoré style Hollywood 1930, avec de la

1. Departamento Administrativo de Seguridad qui dépend de la présidence. (Département administratif de la Sécurité).
2. Tueurs à gages.
3. Désigne le dernier étage d'une résidence.

fourrure blanche et des miroirs partout. La chambre donne de plain-pied sur une terrasse dominant la ville, avec une piscine et un jacuzzi. Derrière une des glaces du dressing-room, se dissimulait un escalier secret menant à une autre terrasse aménagée en piste pour hélicoptères !

Pendant des mois, pourtant recherché par la police, il est resté là. Personne ne s'est jamais vraiment risqué à le persécuter.

Une fois, il a débarqué avec une centaine de gardes du corps dans un des meilleurs restaurants de Bogota, le « Massai », situé sur l'arête rocheuse qui domine la ville. Il a annoncé alors à ceux qui se trouvaient là :

— Tous les clients doivent quitter les lieux. S'ils restent, ils ne partiront qu'après moi, mais ils sont mes invités.

Et, personne ne partit. Pablo Escobar a passé deux heures dans ce restaurant et la police est arrivée une heure après son départ... Un des serveurs m'a raconté la soirée.

— Le Señor Escobar était avec une très jolie femme. Il semblait très détendu. Il a voulu que l'orchestre joue sans arrêt et il a fait servir du champagne à tous les dîneurs. J'ai regardé quand il est sorti. Il est monté dans une Chevrolet Blazer noire. Son chauffeur m'a dit qu'elle était entièrement blindée, même le plancher, avec des pneus à l'épreuve des balles, des glaces de cinq centimètres d'épaisseur et des portières comme des portes de coffre-fort avec des meurtrières. Quand il s'est éloigné, la Blazer était encadrée à l'avant et à l'arrière par deux Toyota Land-Cruiser bourrées de sicarios armés de pistolets mitrailleurs, de fusils d'assaut et de lance-grenades. Quatre motards, sur des BMW, encadraient le convoi, tous reliés par radio. Je comprends que la Policia ne soit pas venue, ils se seraient fait massacrer.

Quand les choses se sont gâtées, Pablo Escobar est monté dans un de ses hélicoptères et s'est envolé pour le Magdalena Medio, où il est à l'abri de tout.

D'abord parce que l'armée ne met plus les pieds dans la région, où les hommes de Duque Gaviria règnent en maîtres. Ensuite, parce que Escobar et ses amis disposent d'un réseau de renseignements incroyable. Dans ce pays d'une pauvreté inouïe, Escobar distribue les billets de 1 000 pesos à la pelle. Aussi a-t-il toujours une longueur d'avance.

Les plans de vol des hélicoptères de l'armée se trouvent sur son bureau avant même d'être donnés à la tour de contrôle. Ses scanners lui permettent d'écouter toutes les conversations des militaires. Il ne cherche pas l'affrontement direct, mais glisse toujours entre les mailles du filet. Lorsqu'il s'est enfui de Bogota, il se réfugia tout simplement dans la luxueuse propriété qu'il possède à une vingtaine de kilomètres au nord de Puerto Boyaca, sur la route de Medellin. L'hacienda Napoles.

Avant de venir à Puerto Boyaca, je m'y étais arrêté.

C'est vraiment impressionnant. En bordure de la grande autopista[1] Medellin-Bogota, qui n'a d'autoroute que le nom, un ruban asphalté plein de trous, parcouru par des camions, dont les conducteurs semblent tous sortis du « Salaire de la peur »... l'hacienda Napoles se signale par une grande arche surmontée d'un avion, un petit Piper monomoteur, en bon état de marche.

Pablo Escobar est un sentimental en quelque sorte. Il s'agit de l'appareil qui est à la source de sa fortune. Celui qui lui a permis d'effectuer le premier voyage en Bolivie pour aller chercher de la pasta, la pâte verte qui sert à obtenir la cocaïne pure.

Derrière le portail, il y a plus de cinq cents hectares, un aéroport, un héliport, une plaza de toros et un zoo avec quatre cents animaux sauvages amenés d'Afrique à grands frais : girafes, lions, éléphants, gazelles, gnous, panthères.

Lorsque j'y suis passé, l'hacienda Napoles était occupée par le bataillon Barbula, une des unités d'élite de l'armée colombienne, arrivée bien entendu trop tard pour coincer Pablo Escobar.

1. Autoroute.

Un capitaine me fit visiter le ranch au luxe tapageur, immense, entouré de bâtiments pour les sicarios. La salle à manger pouvait facilement recevoir cinquante personnes... Une salle de bains tout en lapis-lazuli prolongeait l'énorme chambre d'Escobar où s'entassaient des télés, et tout un appareillage électronique.

Devant le bâtiment, l'officier me montra un superbe 4 X 4 rouge sang avec des grandes roues qui lui donnaient une étrange allure haut perchée, une rangée de phares sur le toit et même un arceau de sécurité. Un GMC[1] flambant neuf. En ouvrant la portière, je découvris l'épaisseur de la glace et du blindage. Ce dernier était découpé d'une ouverture carrée protégée par un volet coulissant, blindé lui aussi. Ce qui faisait une excellente meurtrière. La porte se fermait comme un coffre-fort, avec des tétons d'acier. Les pneus énormes étaient bien sûr à l'épreuve des balles. Sous le volant, une cache permettait d'avoir à portée de la main un véritable arsenal. Un scanner pouvait écouter toutes les fréquences de police. Il n'y avait pas mille kilomètres au compteur.

— Il se servait de ça pour se promener dans l'hacienda, me dit le capitaine. Nous, dans l'armée, nous n'avons jamais pu obtenir ce genre d'engin. Beaucoup trop cher.

— Et où est Pablo Escobar maintenant ?

L'officier colombien eut un geste vague.

— Il possède une douzaine de planques très confortables dans un rayon de cinquante kilomètres. Il a acheté deux millions d'hectares avec l'argent de la coca. C'est le plus gros propriétaire du coin. Il a des dizaines de fincas[2] qui servent aussi de laboratoire de raffinement. Il est propriétaire d'une île située entre deux bras de la Magdalena utilisée pour l'entraînement des mercenaires étrangers qui encadrent ses sicarios. Des Israéliens et des Britanniques. C'est là que se réunissent souvent les gens

1. Un véhicule de la General Motors Corporation.
2. Grandes propriétés.

des divers cartels pour résoudre leurs différends ou définir leur stratégie.

Impossible même d'en approcher, elle est trop bien défendue. Il faudrait une véritable opération de guerre et nous n'avons pas les moyens.

Les hommes de Duque Gaviria quadrillent le pays et bloquent toute initiative de l'armée. Pablo Escobar contrôle tout dans le Magdalena Medio.

Lorsque nous sommes arrivés ici, nous avons trouvé cinquante millions de dollars, en billets de cent ! Entassés dans des sacs de plastique, ils occupaient toute une pièce.

Pour lui, c'est une perte minime.

Je pense à tout cela en me dirigeant vers le bar « El Navigante ». Mon contact est déjà là et la chaleur s'avère toujours aussi effroyable. Deux filles passent en roulant des hanches d'une façon provocante, et lançant des œillades d'enfer. « Gringo »[1], ça rime avec dollars. Mon type commande deux aguardientes, sorte de pastis local, en plus fort, et commence à me raconter l'édifiante saga de Pablo Escobar.

— Pedro, me dit-il, est né dans un taudis de la población[2] Aranjuez, un des bidonvilles qui s'étalent sur les collines cernant Medellin. Il était très, très pauvre, se nourrissait de tortillas[3] de maïs. Il n'a jamais été à l'école ou presque, parce que sa mère n'avait pas d'argent pour lui acheter des livres. Et, de toute façon, il savait que, ne faisant pas partie de l'oligarchie des grands propriétaires ou des businessmen, il n'avait aucune chance. Au mieux, il finirait dans un bureau à douze mille pesos par mois. Il a compris que pour échapper à la misère, il fallait qu'il se débrouille seul. Alors, dès quatorze ans, il s'est mis à voler. A Medellin, il y a un cimetière pour les riches, le « Campos de Paz », plein de pierres tombales superbes. Avec des copains, Pablo allait les dérober la nuit et les revendait à

1. Terme péjoratif pour désigner l'étranger en Amérique du Sud.
2. Bidonville.
3. Petites galettes.

des marbriers. Les victimes, évidemment, demandaient à ce qu'on leur refasse la même chose et s'extasiaient ensuite sur la qualité du travail. Pour cause : c'était la pierre volée qu'on remettait en place...

Tout le monde y gagnait et cela ne faisait de mal à personne. Sauf aux riches qui payaient...

A seize ans, il a commis son premier meurtre. Il a poignardé un automobiliste qui refusait de lui abandonner sa voiture. Bien entendu, ça l'a rendu très populaire à Aranjuez. La police ne l'a pas retrouvé. Il a acheté une télévision pour sa mère et s'est offert la plus belle pute du quartier.

Ensuite, il s'est remis à jouer au billard, en dépensant ses pesos, dont il a vite vu le bout. Il a encore volé quelques voitures, dévalisé quelques boutiques, mais c'était minable.

Et puis, un jour, un type est venu faire une partie avec lui. Juste pour l'observer. Un certain « Arbolito », surnom attribué en raison de sa petite taille. A Aranjuez, c'était un homme important en dépit de ses vingt-cinq ans. Le fuerte[1] d'un parce[2] de sicarios. C'est-à-dire le patron d'une petite PME de tueurs à gages. Après la partie de billard, il a demandé à Pablo s'il voulait vraiment travailler pour des gens sérieux, parce qu'il avait un job pour lui : abattre le majordome d'un des ennemis des « narcos » les plus puissants de Medellin, El Mexicano. Il a prononcé son nom à voix basse et Pablo Escobar en a eu la chair de poule. Lui, petit voyou adolescent de Aranjuez, travailler pour un homme recherché par les « gringos », qui avait déjà une fortune considérable, des femmes superbes, qui tenait dans sa main la Police, la Justice, le Gouvernement !

Évidemment, il a dit « oui » tout de suite. On lui a remis un vieux Colt au numéro limé qui avait déjà beaucoup servi.

Ensuite, il s'est rendu à la maison où vivait le major-

1. Chef.
2. Bande.

54

dome, déguisé en livreur de pizzas. L'autre a ouvert, Pablo s'est assuré qu'il s'agissait bien de l'homme qu'il cherchait, a sorti son Colt et lui a vidé son chargeur dans le corps, en terminant par deux balles dans la tête, selon les instructions. Et là, il n'a pas eu de chance : une voiture de police est passée alors qu'il s'enfuyait ! Il s'est retrouvé au pénitencier de Bellavista, à six kilomètres de Medellin, bien qu'il ait farouchement nié. On avait découvert sur lui l'arme du crime et les expertises prouvaient que les balles qui avaient criblé le corps du majordome provenaient bien de son chargeur.

Pablo Escobar a nié farouchement sans rien ajouter de plus.

Trois mois plus tard, son obstination a été récompensée. Le juge a abandonné les charges contre lui, estimant que les expertises n'étaient pas une preuve suffisante. Évidemment, « on » lui avait fait dire que ses deux enfants seraient égorgés s'il s'entêtait à vouloir faire condamner un innocent.

A Medellin, ce sont des menaces que l'on prend au sérieux...

Le retour de Pablo Escobar à Aranjuez fut triomphal ! « Arbolito » vint lui donner l'abrazo [1], l'invita à un banquet somptueux, avec les plus belles putes du quartier, lui remit un pistolet, neuf cette fois, et lui annonça qu'il travaillait désormais pour El Mexicano. Comme sicario personal [2].

Mon informateur but un peu d'aguardiente comme pour célébrer le succès de son héros et continua :

— Pablo Escobar ne se laissa pas griser. Consciencieux comme un bon ouvrier, il commit dix-sept meurtres pour le compte de El Mexicano. Sans une seule arrestation. Du coup, il put s'acheter une vieille Renault et se consacrer encore plus au billard. Mais tout en tuant, il observait tout ce qui se passait autour de lui, parce qu'il était intelligent. Il

1. Accolade.
2. Garde du corps.

avait pleinement conscience que l'avenir des sicarios était bloqué : un jour, on tombait toujours sur un type qui tirait plus vite que vous.

Alors, très poliment, il demanda à El Mexicano s'il ne pouvait pas le changer de secteur, le charger du transport de la pasta ou de la cocaïne. El Mexicano était un homme de cœur et savait reconnaître les éléments de valeur. Pablo Escobar était un homme sûr. S'il se faisait prendre, il ne parlerait jamais.

Aussi commença-t-il par de petits transports depuis les laboratoires dans la jungle jusqu'à Medellin ou Bogota. Et quand un convoyeur tomba malade et qu'il fallut le remplacer, ce fut Pablo qui s'envola pour le Mexique, avec 100 kg de cocaïne. A cette époque, on était timide... Mais en remuant les billets verts, il comprit que la fortune était à la portée de sa main. Il économisa, dollar par dollar, pour s'acheter un vieux Piper qu'il gara à Medellin. Entre-temps, il se constituait des contacts... Un jour, il prit son courage à deux mains et alla trouver El Mexicano, lui suggérant humblement la possibilité de se mettre à son compte, tout en lui achetant la marchandise...

El Mexicano était très, très riche et ne s'occupait plus guère que de ses chevaux de course.

Pour la forme, il l'engueula un peu et finalement accepta.

Lors de son premier voyage dans le Piper, Pablo Escobar gagna plus d'argent en trois jours qu'il n'en avait touché dans toute sa vie.

Il avait trouvé sa voie. C'était il y a dix ans. Maintenant, c'est peut-être l'homme le plus fortuné du pays, il a une armée de sicarios et quand il retourne à Aranjuez, on lui baise les mains, on l'appelle Don Pablo, les vieilles prient pour lui, le dimanche, à la messe.

— Pourquoi ? demandé-je, plutôt étonné.

— Il a construit un terrain de football, il a fait mettre l'eau courante à Aranjuez, il a fourni du travail à plein de gens. Vous connaissez « La Colpatria », à Bogota ?

« La Colpatria », c'est une tour de quarante-huit étages, le plus haut building de Bogota, sur la Septima, une des avenues très animées de la capitale.

— Oui.

— Pablo en possède la moitié. Et au moins vingt garçons de Aranjuez se jetteraient au feu pour lui...

Il soupira et termina son verre d'aguardiente.

— Voilà, Señor periodista, qui est Pablo Escobar. Pour les « gringos », c'est peut-être un criminel, pour nous les Colombiens, c'est un homme qui a réussi à la force du poignet. Nous sommes un pays violent. Il a réussi dans la violence.

Allez donc voir à Medellin comment cela se passe et vous comprendrez beaucoup de choses.

L'hélicoptère monte lentement le long de la colline couverte de jungle, ses rotors peinant à cause de l'altitude. Nous sommes douze dans l'appareil, plus une montagne de bagages, alors qu'il est censé ne charger que huit passagers au maximum. Seulement, c'est le seul moyen pratique de rejoindre Medellin, le nouvel aéroport de Rio Negro qui dessert la ville étant à une heure de route. Construit grâce aux subsides des « narcotraficantes », cet aéroport ferait envie aux pays les plus civilisés. L'appareil parvient enfin au sommet de la crête et j'aperçois Medellin dans la vallée.

Le centre n'est qu'une grande zone industrielle, coupée par un canal et le squelette d'un métro aérien jamais achevé. Des milliers de masures en briques rouges s'accrochent aux flancs des collines, cernant la ville comme une lèpre rougeâtre. C'est là que Pablo Escobar a fait ses premières armes. Pour arriver aux secteurs vivables, il faut traverser des coins vraiment sinistres, puis un quartier de petits bungalows assez minables. Il fait nettement plus chaud qu'à Bogota et une végétation luxuriante jaillit de toute part. Pour gagner le nord de la ville, résidentiel et chic, on franchit un pont sur le Rio Medellin qui n'est autre que le canal vu d'hélicoptère.

Tout le centre de Medellin est d'une tristesse à mourir.

Enfin, on commence à grimper une colline : j'entre dans le quartier de Poblado, où se trouve l'Intercontinental, là où les « narcos » ont investi massivement dans l'immobilier. Ce ne sont que maisons cossues, immeubles élégants et modernes, centres commerciaux, restaurants. En revanche, la route qui conduit à l'hôtel s'est effondrée depuis six mois, et personne ne l'a réparée, faute d'argent. On roule sur une file, et l'atmosphère est empestée par les émanations des bucetas.

J'ai rendez-vous avec le patron local de la DAS qui doit venir me prendre à l'hôtel pour déjeuner au club Campestre, le plus élégant de Medellin. Lorsque je sors, il est déjà là, son chauffeur attend dans une Mercedes blindée. Le docteur Miguel Lopez, les cheveux plaqués comme un danseur de tango argentin, la taille mince et l'œil charbonneux, m'accueille chaleureusement. Il parle parfaitement anglais et semble plutôt détendu. Juste un chauffeur et deux gardes du corps dans une seconde voiture. Ce qui signifie qu'il ne doit pas faire beaucoup de mal aux « narcos », sinon, il prendrait plus de précautions...

Le club Campestre est à peine moins surveillé que Fort Knox. Un vigile passe un petit miroir sous la voiture pour s'assurer qu'une bombe n'y est pas dissimulée ; il faut ouvrir le coffre, faire vérifier son identité. Le club ressemble à une grosse hacienda plutôt lugubre, avec un immense restaurant au premier qui domine une grande piscine.

Lorsque je demande à Miguel Lopez pourquoi le club est si bien protégé, il me répond en souriant :

— C'est parce que ses membres en ont refusé l'admission à plusieurs « narcos » importants. Comme ils font le bien autour d'eux, ils mettent l'électricité dans les populaciones, ils construisent des stades, distribuent de l'argent aux pauvres, ils veulent être reconnus socialement. Mais ici, c'est la vieille oligarchie des propriétaires terriens qui ne veut pas se mêler aux « narcos ». Alors, ces derniers ont déjà mis deux bombes dans le club, pour « appuyer » leur requête. Les autres finiront bien par céder.

— Et vous ne pouvez rien faire ?

Il sourit, goûte son aguardiente du bout des lèvres, et laisse tomber :

— Señor, ici, vous êtes dans la capitale mondiale de la drogue. Les grands « narcotraficantes » viennent tous des populaciones. Et comme ils aiment leur ville, ils en ont fait leur propriété.

Il y a quelques années, c'était une cité industrielle d'un million d'habitants. Maintenant, ils sont trois millions, dont un tiers de miséreux prêts à tout pour gagner quelques pesos. Tous ceux qui habitent les populaciones. C'est là que les narcos recrutent les sicarios. Pour quarante dollars, on peut faire tuer un homme ici.

Le maire a été obligé d'interdire dans Medellin le port du casque intégral. Il servait à dissimuler le visage des sicarios qui agissent en moto. C'est sûrement la seule métropole du monde à connaître une telle interdiction... La semaine dernière, ils ont assassiné en plein centre l'ancien maire et ses quatre gardes du corps. Il avait osé écrire dans un journal que le gouvernement ne luttait pas assez contre les « narcos ».

Ceux-ci ont gangrené la ville. La plupart des restaurants, des bars, des élégants condominiums de El Poblado, où vous êtes, leur appartiennent. Ils y ont investi des dizaines de millions de dollars. Mais cela n'est que la partie visible de l'iceberg. Ils ont aussi acheté tous les officiels, les policiers, les juges et tué ceux qui leur résistaient.

La DEA a été obligée de fermer son bureau ici, je n'arrivais pas à garantir leur sécurité. Je vais vous montrer comment nous fonctionnons et avec quels moyens.

Nous nous rendons à ses bureaux.

La DAS est installée dans un ancien séminaire, accolé à un terrain de sport. De vieux bâtiments mal entretenus qui grouillent d'hommes en armes. Miguel Lopez zigzague entre des barrières formant chicanes et qui protègent l'accès de la grande entrée.

— Il faut se méfier des voitures piégées, me dit-il. Les « narcos » ont fait appel à des mercenaires étrangers pour ce genre de choses.

Son bureau est grisâtre, avec des cartes sur le mur, un drapeau colombien poussiéreux qui trône dans un coin et des meubles qui tiennent à peine debout.

— Je n'ai que deux hélicoptères pour surveiller tout Medellin et mettre sur pied des opérations, mais il y en a toujours un qui est en panne, explique-t-il. Pour obtenir des pièces de rechange, cela prend trois mois. Avant, la DEA m'en donnait, mais maintenant qu'ils ne sont plus ici, cela ne les intéresse pas.

Mes hommes sont mal payés et n'ont pas le moral. Alors, ils passent leur temps dans tous les bars à putes qui fourmillent dans ce quartier.

— Mais vous arrêtez bien des gens ?

Miguel Lopez hoche la tête.

— Oui. Ceux que le cartel de Medellin veut que nous arrêtions. Les petits dealers qui refusent d'entrer dans leurs circuits. Alors là, on nous les livre sur un plateau d'argent, grâce au réseau d'informateurs du cartel qui fonctionne alors à l'envers. Un de mes hommes vient me trouver et me dit : « A tel endroit, à telle heure, un type va remettre trois kilos de cocaïne dans un bar. »

C'est toujours vrai, il suffit d'y être. Tout le monde est content : mes hommes qui touchent une prime, le cartel qui montre sa puissance, la presse qui peut enfin annoncer des succès, la population qui a l'impression qu'on fait quelque chose... Quand le type sort, au bout de quelques mois, il est récupéré par le cartel et, cette fois, il marche droit. En un sens, nous, la DAS, nous travaillons pour eux...

C'est bien là le comble...

Quand nous sortons de son bureau, une patrouille de la DAS part vers une populacion. Une douzaine d'hommes s'entassent sur le plateau d'un pick-up, équipés de gilets pare-balles qui datent de la Seconde Guerre mondiale et pèsent trente kilos. Devant, une Jeep Cherokee. Derrière, une Mercedes à laquelle il manque un phare et tous ses enjoliveurs, bourrée de civils dont les armes dépassent par les vitres ouvertes. Trois motards arborant des dossards jaunes et rouges encadrent le convoi qui s'éloigne.

— On nous a signalé un sicario particulièrement dangereux dans une salle de billard, El Pide, m'explique le patron de la DAS. Mais cela m'étonnerait qu'il nous ait attendu. Il a dû déjà être prévenu... Vous voyez la Cherokee ? Normalement, nous n'avons pas le droit de l'utiliser, mais la nôtre est en panne. C'est un véhicule saisi aux « narcos » et il a l'avantage d'être blindé. Lisez les journaux demain, vous verrez si nous avons eu de la chance.

Le lendemain, il n'y a rien dans le journal... Une fois de plus, les « narcos » » ont gagné.

Avant de quitter Medellin, j'ai été me promener dans les allées calmes de El Poblado. Partout, des immeubles aux façades de marbre, avec des entrées en bois précieux. Noyées dans des parcs tropicaux, des villas somptueuses exhibent des piscines aussi vastes que des lacs. On se croirait à Beverly Hills. Ici, on n'aperçoit même pas l'ombre de la police, et pourtant, pas un vol, pas une exaction. Tout Medellin sait que le quartier appartient aux « narcos » et qu'ils ne plaisantent pas. Il y a quelques mois, ils ont écrasé au rouleau compresseur un imprudent qui s'était amusé à cambrioler l'appartement de la maîtresse de l'un d'entre eux.

61

Je retrouve Bogota et son animation. On y respire mal à cause des 2 600 mètres d'altitude. A l'hôtel Tequendama, le meilleur, en plein centre, à quelques dizaines de mètres de la tour Colpatria, une notice à l'intention des touristes est remise avec la clé de chaque chambre. En résumé, elle dit à peu près ceci : « La ville est dangereuse, sortez le moins possible, et surtout pas le soir, n'ayez jamais d'argent sur vous. »

Il est vrai qu'on y rencontre tellement de crève-la-faim, capables de vous assassiner pour 1 000 pesos ! Les enjoliveurs des voitures disparaissent mystérieusement aux feux rouges... les sicarios travaillant pour les cartels, sûrs de leur impunité, braquent les banques et les gens, les tuant sans hésiter s'ils résistent. De loin, lorsqu'on arrive de l'aéroport, Bogota a l'air d'une petite ville sans épaisseur, quelques rues accotées à la montagne, une énorme arête rocheuse qui court du nord au sud, écrasant les gratte-ciel du centre. En réalité, Bogota s'allonge sur vingt kilomètres et compte six millions d'habitants, pour la plupart frôlant le seuil de pauvreté. Ici aussi, bien que ce soit le siège du gouvernement, les forces de l'ordre sont sur la défensive. J'ai réussi à obtenir un rendez-vous avec le général Marquès, le patron de la DAS nationale, un des seuls hommes de Colombie à lutter vraiment contre les « narcos ».

Le siège de la DAS, un gigantesque bâtiment gris, en béton, haut de quatorze étages, à l'écart du centre, est une véritable forteresse. Un large périmètre de sécurité est interdit au stationnement, afin d'éviter les voitures piégées. Précaution utile : quelques jours avant mon arrivée en Colombie, une charge de cent vingt kilos de dynamite a explosé en face du quotidien « El Espectador » qui avait la mauvaise habitude de publier des articles virulents contre les « narcos ». Ce qu'on appelle ici une « cocha-bomba ». [1]

1. Voiture piégée.

Au dernier étage de la DAS, des officiers aux bottes impeccablement cirées se frottent à un véritable travail de Sisyphe. Dans son bureau lambrissé avec vue imprenable sur Bogota, le général Massa Marquès qui la dirige avec poigne m'avoue tout de go :

— Nous menons une lutte sans espoir ! Tout est gangrené, pourri. La classe politique d'abord. Nous savons, sans en avoir les preuves légales, que des centaines de politiciens locaux ou nationaux sont payés par les « narcos ». Ils bloquent les lois qui les gênent vraiment, comme tout ce qui concerne l'extradition des « narcotraficantes » vers les États-Unis. La plupart sont réclamés par la justice américaine. Ils savent que, là-bas, ils risquent des dizaines d'années de prison. Alors, ils font tout pour être jugés en Colombie, sans extradition possible. Au pire, ici, si leur incarcération est trop dure, ils s'évaderont grâce à leurs innombrables complices.

Récemment, les Américains ont réussi à arrêter sur leur propre territoire le fils d'un des plus grands « narcos » de Colombie, Cesar Gaviria. Celui-ci a eu l'audace d'écrire au président des États-Unis pour lui proposer de payer la dette extérieure de la Colombie (un milliard de dollars) si on relâchait son fils. Ensuite, il a menacé de faire assassiner tous les juges qui s'occuperaient de l'affaire...

Seulement, les États-Unis ne sont pas la Colombie. L'appareil d'État ne se laisse pas intimider.

Chez nous, les politiciens créent, grâce à leurs relations, un cocon de sécurité pour ceux que nous traquons. Ils ont peur. Depuis toujours les « narcos » ont observé une règle simple vis-à-vis de ceux qui les gênent ou dont ils ont besoin. Ici, nous appelons cela : « Plomo o plata ». Du plomb ou de l'argent. On vous tue ou on vous achète.

A Medellin, il y a un mort toutes les deux heures. Élimination d'un importun ou d'un concurrent.

Le mois dernier, mes services ont arrêté un colonel qui transportait quatre cents kilos de cocaïne dans sa voiture de service. Je le connaissais. Au départ, c'était un officier honnête, mais il n'a pas pu résister quand il a été nommé à Cali. Les « narcos » lui ont offert une petite fortune.

D'ailleurs, les officiers se battent pour obtenir des mutations de ce genre : Barranquilla, Cartagena, Cali, Medellin et les zones de jungle où sont installés les laboratoires. En deux ans, ils gagnent dix fois plus d'argent que dans toute leur carrière.

Souvent, nous avons des situations abracadabrantes. Dans la péninsule de la Guira, il y a encore des foyers du M19. Or, nos troupes n'ont ni essence, ni véhicules pour les réduire. Ils sont obligés de demander aux « narcos » locaux de leur en fournir. Moyennant quoi, ils ferment les yeux sur leurs activités. Là-bas, il y a 50 000 hectares de marijuana et des centaines de pistes clandestines d'où décollent les « avionetas »[1] à destination du Mexique, du Guatemala ou de Panama.

Il faut être un héros, en Colombie, pour participer à la lutte « antinarcos ». Les policiers sont mal payés, mal équipés et ils ne sont pas soutenus par leurs chefs qui, souvent, les trahissent !

Même quand nous réussissons à arrêter des gens, un autre problème se pose. Il faut les juger. Or, les magistrats ne veulent plus se mêler de ces affaires. A Medellin, six d'entre eux ont été assassinés. Les survivants se terrent, vivent entourés de gardes du corps, reçoivent des menaces de mort. Leurs appartements sont dynamités, on tue leurs proches, leurs greffiers, avant de s'attaquer à eux.

Tout cela pour cent cinquante dollars par mois !

Alors, de guerre lasse, ils laissent dormir les dossiers indéfiniment ou ils les classent. Ou ils donnent aux « narcos » le temps d'éliminer tous les témoins encombrants. Nous avons eu ici un policier de la DAS qui a été abattu dans un bar par un sicario, devant sept témoins.

Lorsque le procès est arrivé aux assises, les sept témoins avaient été supprimés et le meurtrier acquitté ! Les « nar-

1. Avions de tourisme.

cos » n'ont peur de rien. Lors de la campagne présidentielle, ils soutenaient un candidat — celui qui fut élu — parce qu'il s'était engagé à ne jamais permettre l'application des lois d'extradition. Galan, au contraire, l'autre, poussé par les Américains, y était favorable... Il a été assassiné au cours d'un meeting électoral, devant cinq cents personnes, sur l'estrade où il prononçait un discours, en dépit d'une douzaine de gardes du corps.

Les assassins sont en prison et n'ont pas dit un mot : on leur appliquera une peine relativement légère. Parce que, entre-temps, il n'y aura plus de témoins.

Il y a trois mois, le ministre de la Justice a été assassiné... par les « narcos », bien entendu. Le gouvernement a nommé un remplaçant, une femme avocate à l'excellente réputation. Elle a émis des déclarations très énergiques, promettant de faire vraiment la guerre aux « narcos » et d'autoriser les extraditions.

Une semaine après, elle démissionnait. Les menaces de mort contre elle, son mari et ses enfants étaient si précises qu'elle comprit que rien ne pourrait la protéger... Elle avait un numéro de téléphone secret qui changeait tous les jours, mais les « narcos » le connaissaient en même temps qu'elle !

C'est un nouveau ministre qui a été nommé. Dans sa déclaration d'investiture, il a tout de suite annoncé qu'il était contre les extraditions, que c'était une atteinte à la souveraineté de la Colombie. C'est un langage nationaliste que les « narcos » apprécient. Celui-là n'a rien à craindre. Il ira jusqu'au bout de son mandat. Il a lancé un programme de « réconciliation nationale ». En résumé, cela signifie que si les « narcos » cessent leurs meurtres et leurs attentats aux voitures piégées, on les laissera travailler en paix.

Le général Marquès semble bien découragé et on le comprend... Au moment où je le quitte, on vient de lui apprendre le meurtre de deux policiers de la DAS, à Barranquilla. Je n'ai plus qu'à rencontrer les gens de la

DEA, le plus puissant organisme mondial de lutte contre la drogue. Mais a-t-il de meilleurs résultats pour autant ?

*
**

Des « Marines » en tenue de combat sont embusqués derrière les hautes grilles de l'ambassade américaine, six étages de ciment au milieu d'une pelouse rachitique, dans la Carrera 13, entre la calle 36 et 38, en plein centre de Bogota.

La lourde porte donnant accès au parking souterrain de l'ambassade coulisse et il en sort un véritable petit convoi. En tête, s'avance une Ford, blindée comme un tank, où s'entassent une demi-douzaine d'agents de sécurité dont le plus légèrement armé a un Uzi. Une Cherokee, blindée également, dont les vitres fortement teintées protègent l'intérieur des regards indiscrets. Enfin, un autre 4 X 4 dont le panneau arrière a été baissé à l'horizontale ferme la marche. Deux hommes sont assis, face à l'arrière, tenant la rue sous le feu de leurs fusils d'assaut M16. Quatre autres sont prêts à intervenir, si les véhicules étaient bloqués.

Or, voilà qu'une marée de taxis jaunes complique tout. La Carrera 13 est une artère relativement étroite, très animée, avec un trafic d'enfer très dense et des centaines de boutiques. Les trois voitures tournent à droite, remontent vers l'ouest, puis à gauche pour enfiler la Septima, la grande avenue qui file vers le nord entre les buildings de brique rouge. Il ne s'agit pas d'un ambassadeur en promenade, mais tout simplement d'un « special agent » de la DEA qui rentre chez lui. Bruce, 1 mètre 95, originaire de San Diego, parle parfaitement l'espagnol. Sa tête a été mise à prix par les « narcos » pour dix millions de pesos... Avec sa grosse moustache et son blouson de cuir, il ressemble à Lech Walesa. Une Ingram[1] posée sur ses genoux, les yeux dissimulés derrière des Ray-ban, il

---

1. Pistolet-mitrailleur américain.

surveille la circulation. Au moment où nous allons être doublés par un motard, je le vois se raidir... Quand le motard s'est éloigné, il se retourne et me lance avec son accent californien :

— Il faut faire attention. Quelquefois, ils collent au passage une petite mine magnétique à la carrosserie...

Sans doute à cause de la tension, il fume comme un malade. Son adresse est tenue secrète, son nom ne figure dans aucun annuaire, les vitres de son appartement sont blindées, il est nuit et jour relié par talkie-walkie à l'ambassade américaine, des gardes veillent dans le hall de son immeuble, reliés par radio à la DAS.

Bien entendu, il utilise toujours des pseudonymes pour ses contacts. Pourtant les « narcos » l'ont repéré et mis sur leur liste d'hommes à abattre.

Il ne sort pratiquement jamais, sauf pour ses liaisons professionnelles ; il est toujours armé, porte souvent un gilet pare-balles en Kevlar sous sa veste. Bien entendu, sa famille est restée aux États-Unis. Ici, en Colombie, c'est le monde à l'envers. Les représentants de la loi qui traquent les « narcos » sont obligés de se cacher, comme des gangsters en cavale dans les pays normaux.

La DEA, pourtant l'une des organisations les plus puissantes et les plus riches du monde, est ici sur la défensive. Elle a été obligée de fermer successivement ses postes de Barranquilla, Medellin et Cali. Alors que ces deux dernières villes sont les centres des deux plus grands cartels de la drogue en Colombie ! Mais les bombes détruisaient régulièrement les locaux de la DEA qui y étaient installés, leurs agents régionaux avaient été décimés, abattus en plein jour par des sicarios aux ordres des cartels et un « special agent » américain avait même été assassiné dans sa voiture, d'une décharge de « riot-gun »[1] qui lui avait fait éclater la tête. Et cela, en plein centre de Medellin, à trente mètres d'un policier du coin qui avait

1. Fusil de chasse.

pudiquement tourné la tête, afin de pouvoir continuer à nourrir sa famille. Repliés sur Bogota, les agents de la DEA en sont pratiquement réduits à sous-traiter avec la DAS.

Même leurs réseaux locaux sont démantelés. Un bar où les agents de la DEA rencontraient des policiers du district et des informateurs a reçu trois fois une grenade défensive... Il ne faudrait pas croire que leurs homologues de la région soient mieux considérés par les « narcos ». Un policier de la brigade antidrogue de Medellin avait rendez-vous avec un agent de la DEA à l'aéroport de Bogota. Un inconnu remit à l'Américain deux grosses valises qui, paraît-il, lui étaient destinées, avant de disparaître. Lorsqu'il les ouvrit, il y découvrit le policier colombien proprement coupé en morceaux...

Nous arrivons devant chez Bruce, et ses hommes se déploient sur le trottoir. Lui semble toujours aussi nerveux. Ce n'est qu'au huitième étage, devant un scotch, qu'il allume sa trentième cigarette de la journée et sourit :

— « Shitty job ! »[1], marmonne-t-il entre ses dents. Six mois ici et on devient parano. Les Colombiens ont mis à prix la tête de Pablo Escobar : cent millions de pesos ! Une somme colossale dans un pays où 80 % de la population gagne tout juste de quoi ne pas mourir de faim, où les filles se prostituent à dix ans, où les gosses travaillent à huit ans dans les mines d'émeraudes. Eh bien, ils n'ont pas eu un appel sérieux !

— Comment cela se fait-il ?

— Tout s'explique par deux chiffres, me dit Bruce. Un kilo de pasta, c'est-à-dire de pâte avec laquelle on prépare la cocaïne, se vend ici à Bogota vingt mille dollars. Ce kilo de cocaïne, raffiné, coupé avec du sucre en poudre ou un autre produit bon marché, rapportera, distribué au détail dans les rues de Miami ou de New York, un million de dollars... Vous connaissez un autre business qui offre des

1. Boulot de merde.

marges pareilles ? Nous avons calculé, à la DEA, que le trafic de cocaïne représentait pour la Colombie deux milliards et demi de dollars par an. Trois fois le montant gagné avec le café, pourtant officiellement le premier produit d'exportation du pays ! Et nous ne sommes pas certains que cela ne fasse pas le double... Les Colombiens sont très malins, car ils ne sont que des intermédiaires. En effet, à part dans le Nord où il y a des plantations de marijuana, pratiquement toute la cocaïne raffinée en Colombie vient de trois pays : la Bolivie, le Pérou et un peu le Brésil. C'est là que le problème commence. Parce que les premiers bénéficiaires du trafic, les plus modestes, sont les paysans de l'Amazonie péruvienne ou des collines boliviennes qui parviennent enfin à joindre les deux bouts. Les « narcos » leur achètent leur récolte sur la base de deux cents dollars l'hectare. Pour nous, ce n'est pas grand-chose, mais pour eux, c'est cinq fois ce que leur rapporte le maïs !

Et là, il n'y a rien à faire. Un programme d'éradication est impossible pour deux raisons. D'abord les zones sont trop importantes. Nous suivons la progression des cultures de coca par satellite. Ensuite, il faudrait l'accord réel des pays concernés, et ils ne veulent pas. Il n'y a pas un homme politique « latino » qui va dire à ses électeurs qu'il est prêt à affamer ses paysans pour que les « gringos » ne se droguent pas, à cinq mille kilomètres de là.

L'intelligence des « narcos » a été d'organiser le ramassage de la production et son convoyage jusqu'à une multitude de laboratoires clandestins. Certains se trouvent en pleine jungle, d'autres dans la périphérie des villes, comme Cali ou Medellin. Toutes ces opérations s'appuient sur une armée d'informateurs et de complices qui grapillent un peu d'argent. Mais à ce stade, les grands cartels n'interviennent pas totalement. Il y a une multitude de petits producteurs qui vendent ensuite au cartel, au prix imposé par celui-ci.

A ce stade, nous avons essayé de lutter en empêchant l'importation des produits chimiques nécessaires à la fabrication de la cocaïne. En effet, ceux-ci ne peuvent être fournis localement. Nous nous sommes très vite rendus compte qu'il existait des filières d'approvisionnement, à partir de l'Europe et même des États-Unis, avec des correspondants en Colombie. Quand nous avons un peu serré la vis, les « narcos » ont mis en place des circuits passant par le Brésil. Il n'y a rien à faire. Ils achètent ce dont ils ont besoin à deux ou trois fois le prix du marché. Comme il s'agit de substances relativement faciles à trouver dans les pays industrialisés, il y a toujours des hommes d'affaires qui ont envie de gagner aisément un peu d'argent. Et puis, ils n'ont pas l'impression de participer vraiment au trafic de drogue. Alors qu'ils en sont la pierre angulaire.

— On dit que la DAS a porté des coups très graves au cartel de Medellin ? Est-ce que cela n'a pas ralenti le trafic ?

— Cette histoire de cartel, c'est du « bull-shit »[1]. On parle toujours du cartel de Medellin. Or, celui-ci ne fournit que Miami et la côte Ouest des États-Unis. Celui de Cali alimente New York et on n'en parle jamais. Les gens de Cali sont plus discrets, moins flashy[2], aussi la police colombienne les laisse-t-elle tranquilles. Mais ils sont tout aussi dangereux. Il faut comprendre le système. Il y a trois grands cartels, Cali, Medellin et Barranquilla. Chacun tient une part de marché, grâce à son organisation de passeurs et de distributeurs en gros aux États-Unis ou en Europe. C'est un peu comme IBM et Apple. Mais à côté, des dizaines de petites organisations exportent un peu partout, par bateau, par avion, par camion. Et ce flot permanent irrigue tous les États-Unis et le Canada.

Les profits sont tels qu'ils se moquent de perdre les avions qui font le transport. Sur chaque voyage, ils gagnent dix fois sa valeur marchande.

— Vous avez des chiffres ?

1. De la merde.
2. Voyant.

— En pourcentage. Nous considérons que nous interceptons environ 10 % de la cocaïne exportée. Nous saisissons chaque année à peu près quinze tonnes de cocaïne pure. C'est-à-dire que le chiffre d'affaires, au détail, représente cent cinquante milliards de dollars. Bien sûr, ce pactole est réparti entre de multiples intermédiaires. Depuis les fabricants, jusqu'aux convoyeurs et aux revendeurs. Ce sont ces derniers qui prennent le plus d'argent, car les marges au détail sont énormes.

Tellement colossales qu'en 1985, les Colombiens du cartel de Medellin qui livraient la drogue en Floride à des dealers cubains ont voulu les écarter, en les éliminant. Une guerre des gangs a éclaté ; elle a duré un an et a été la source de plus de deux mille assassinats. Finalement, les Colombiens ont renoncé et sont restés de simples pourvoyeurs.

Maintenant, les « narcos » sont de plus en plus audacieux. Au lieu de fractionner leurs expéditions, ils envoient carrément une tonne ou cinq cents kilos de cocaïne d'un coup. Par le Mexique, via la frontière. Des centaines de camions passent tous les jours. Comment voulez-vous tout vérifier si on n'a pas un tuyau ?

Il y a la filière cubaine, où les Services spéciaux cubains, pour se faire des dollars, ont servi de relais aux avions des trafiquants qui se posaient à Cuba et continuaient en bateau vers la Floride ou les Bahamas.

Maintenant, ils utilisent également le Guatemala comme plaque tournante, qui a remplacé en partie le Panama.

Le Brésil aussi, mais c'est plus compliqué. Nous avons pourtant mis en place un système Awacs[1], des écoutes sophistiquées, des bateaux de guerre, mais il nous est impossible de tout bloquer. Ils ont sans cesse de nouvelles idées. Et surtout, cette colossale masse d'argent qui achète des centaines de complices.

Récemment, nous avons découvert sur un « 747 »

---

1. Avion-radar surveillant la circulation aérienne dans une zone donnée.

d'Avianca, quatre « palettes » de cocaïne, représentant un poids de deux mille livres. Les « narcos » avaient soudoyé plusieurs employés de la compagnie aérienne colombienne. Ils recommenceront.

— Et si on parvenait à arrêter Escobar et deux ou trois autres ?

— Si le président de General Motors donne sa démission, vous croyez que la fabrication des voitures stoppera ? Les cartels sont une formidable organisation avec des points de jonction partout, à tous les niveaux. Si le chef tombe, il est remplacé immédiatement. Il a toujours trois ou quatre seconds. Et puis, la machine est bien rodée, elle fonctionne toute seule.

3

GUATEMALA
Le pays des onze mille veuves

Engoncée dans les épaisseurs superposées de ses lainages multicolores, les pieds chaussés des traditionnels cartigos[1], Maria Chacar, une Indienne me désigne une tache sombre tranchant sur le vert clair du champ de maïs en contrebas de la petite route de terre qui serpente entre Chichicastenango et Catzité, se faufilant entre des collines couvertes de jungle, dont quelques arpents ont été arrachés à la végétation tropicale et transformés en cultures vivrières par les Indiens.
— C'est là !

Nous sommes dans El Quiché, région montagneuse et sauvage au nord-ouest du Guatemala, presque sans route, sans téléphone, sans électricité, mais grouillante d'Indiens regroupés en petites aldeas[2], vivotant pauvrement, soit en cultivant de minuscules lopins de terre, soit en se louant comme travailleurs agricoles dans les grandes fincas[3] de café ou de cardamone. Et ce que nous cherchons, c'est un des cimetières clandestins qui foisonnent dans ce paysage bucolique. Là où les militaires de l'armée guatémaltèque ou bien les « judiciales »[4], enterrent ceux qu'ils massacrent ou qu'ils enlèvent.

1. Sandales.
2. Villages.
3 Fermes.
4. Militaires en civil des Forces Spéciales.

73

Voilà trente ans que le Guatemala est déchiré par une guerre civile atroce, qui a déjà fait 100 000 victimes et 40 000 « disparus » que l'on peut considérer comme morts. Pour ce pays du nord de l'Amérique Centrale, d'une superficie de 108 000 kilomètres carrés (environ 1/5 de la France) et peuplé de 9 400 000 habitants, c'est une saignée incroyable. La cause de cette boucherie est simple. Depuis cinq cents ans, c'est-à-dire l'arrivée des « conquistadores » espagnols, la population indienne, qui représente 54 % des Guatémaltèques, analphabète, ne parlant même pas espagnol, ne possédant rien, est exploitée d'une façon éhontée par les Ladinos, c'est-à-dire les Métis.

Après quatre cent soixante-dix ans de passivité, les Indigènes, comme on les appelle, ont décidé d'obtenir de meilleurs salaires, quelques terres, bref, de ne plus être des esclaves.

Aussitôt, les dictatures militaires, qui ont gouverné le pays pendant trois décennies, ont réagi avec une violence inouïe, massacrant tous les Indiens qui prétendaient gagner plus de quelques quetzales[1] par jour.

Les plus courageux des Indigènes, appuyés de l'extérieur par Cuba ou le Nicaragua, ont pris le maquis et sont devenus des « subversivos ». Des révolutionnaires. De quoi faire frémir les finceros[2] et l'armée. La répression a redoublé de violence. Aux meurtres sauvages se sont ajoutés les rapts.

Sur cette route tranquille du Quiché, toutes ces horreurs semblent irréelles, lointaines. Un bus qui ahane dans la côte passe derrière nous, bourré comme une boîte de sardines, rempli d'Indiens serrés les uns contre les autres, jusque sur le toit. Maria Chacar contemple toujours la tache verte au milieu du milpa[3]. Elle fait un lent signe de croix.

1. 1 quetzal = 1 franc français.
2. Propriétaire d'exploitation agricole.
3. Champ de maïs.

— Comment êtes-vous certaine qu'il y ait un charnier dans ce champ?, demandé-je.

— Là où il y a des cadavres, le maïs est plus vert, dit-elle simplement.

Sa voix ne trahit aucune indignation. C'est un fait, comme le temps sec et chaud ou la beauté des montagnes.

Maria Chacar jette un ordre aux Indiens qui l'accompagnent, pelle et pioche sur l'épaule, et qui se dirigent nonchalamment en contrebas. Elle les regarde s'éloigner en triturant de sa main gauche la grande croix qui pend sur sa poitrine. Les Indiens, doux et dociles, ont été des proies de choix pour les missionnaires de toute confession et de toutes sectes qui se sont abattus comme des criquets depuis cinq cents ans sur cette terre inhospitalière. L'Église catholique a pris la plus grande part du marché, et aujourd'hui, les Indigènes mélangent allègrement les cultes de la Vierge Marie et de quelques dieux mayas.

Là-bas, au milieu du maïs, les hommes ont commencé à creuser, de ce rythme lent et placide, typique des Indiens. Le soleil tape dur, bien qu'on soit à plus de 1 500 mètres d'altitude.

J'ose demander à Maria Chacar :

— C'est peut-être votre mari qui se trouve dans ce champ de maïs?

L'indienne redresse ses 1 mètre 45, une expression triste sur son visage rond.

— Peut-être.

Son mari a été emmené par des militaires, le 8 juin 1986. La veille, il avait prononcé un mot obscène devant le fincero venu l'engager pour la cueillette du café à 6 quetzales par jour; il avait juste murmuré : « la huelga », la grève.

Il réclamait 8 quetzales par jour au lieu de 6.

Le lendemain de sa disparition, le fincero est venu poliment demander à ses camarades s'ils acceptaient les 6 quetzales habituels. Bien entendu, ils ont dit « oui ». D'abord, parce qu'ils avaient peur. Ensuite, parce qu'ils avaient faim. Les camions de la finca sont venus les chercher dans leur village et s'ils refusaient de travailler, ils devaient revenir à pied. Sans un sou en poche. Comment alors nourrir les enfants qui accompagnent toujours ces migrations ?

Miguel Chacar, lui, n'a jamais réapparu, ni vivant, ni mort. Il est devenu un « sequestrado ». C'est-à-dire un disparu.

Au Guatemala, entre 1955 et aujourd'hui, il y a eu 40 000 sequestrados, tous des Indiens, femmes ou enfants. C'est énorme. Plus que dans les pays d'Argentine et du Pérou réunis, où, pourtant, la lutte antisubversive ne fut jamais tendre. L'armée guatémaltèque et quelques « escadrons de la mort » à leur solde sont responsables de ces disparitions.

De ces sequestrados, un mot qu'on ne prononce qu'à voix basse, il ne reste que des veuves et quelques ossements qu'on retrouve, dispersés dans la montagne. Énormément de veuves... Elles se sont groupées au sein d'une association, la Coordinadora nacional de viudas de Guatemala en abrégé, CONAVIGUA [1]. On en compte onze mille comme Maria Chacar, dont le mari, est parti un jour, emmené par des hommes en uniforme, pour ne jamais revenir. Au début, elles se réunissaient simplement pour prier, parler, échanger des informations, terrorisées par l'armée guatémaltèque. Et puis elles se sont enhardies, ont commencé à rechercher les innombrables cimetières clandestins, à creuser, à exhumer des ossements, la plupart du temps non identifiables.

Elles se sont mis à écrire à tous : à l'ONU, aux présidents des grandes démocraties, aux églises, aux organisations des Droits de l'Homme, à tous ceux qui voulaient les écouter. Comme elles ne parlaient que les vingt-deux dialectes indiens du Guatemala, elles sont retournées à l'école pour apprendre l'espagnol, afin de pouvoir communiquer avec le monde extérieur.

En 1986, avec la très relative libéralisation du régime, due

---

1. Confédération des veuves du Guatemala.

à la fin officielle des dictatures militaires et à l'élection d'un président de la République civil, Vinicio Cerezo, démocrate-chrétien, joufflu, moustachu et corrompu, mais légèrement moins féroce que ses prédécesseurs, elles ont eu une audace folle !

Arborant le costume traditionnel, le hulpil[1] à broderies multicolores et la corte[2], jupe ample tombant jusqu'aux chevilles, des groupes de veuves se rendirent à l'entrée de certaines casernes, réclamant les corps des sequestrados.

A Solola, le poste de garde ressemble à une attraction de Disneyland : il a la forme d'un énorme brodequin de 2,5 mètres de haut, caprice bizarre d'un colonel guatémaltèque.

C'est un secret de Polichinelle qu'un des plus importants cimetières clandestins du pays se trouve dans l'enceinte de la caserne, à l'abri des fouilles indiscrètes.

Mais il ne faut pas se fier à ce côté apparemment ludique, car lorsque les Indiennes voulurent pénétrer dans la caserne, les sentinelles n'hésitèrent pas une seconde à se servir de leur Galil[3] faisant quelques morts de plus.

Loin d'être découragées, les veuves décidèrent d'ouvrir une permanence de la CONAVIGUA à Guatemala City, à deux pas du Palacio Nacional et de la garde présidentielle, leur pire ennemi. C'est là, au 27-03 de la 8e Avenida dans la « Zona 1 », le cœur de la capitale, que j'ai rencontré Maria Chacar, à mon arrivée au Guatemala. C'est alors qu'elle m'avait proposé de l'accompagner dans le Quiché, à la recherche des charniers cachés. Maintenant, immobile sous le soleil, le visage lisse comme une statue, elle observe ses « camarades » qui creusent la terre du champ de maïs. Jusqu'à ce que l'un d'eux se baisse et brandisse un objet blanchâtre maculé de terre. Un tibia humain.

1. Châle.
2. Jupe en lainage multicolore.
3. Fusil d'assaut israélien.

Une sorte d'extase paisible se peint sur le visage rond de Maria Chacar.

— Enfin, on va pouvoir leur donner une sépulture chrétienne, soupire-t-elle. Dieu est bon.

Pourtant au Guatemala, ce n'est pas absolument évident... Mais, je n'ai pas voulu troubler la sérénité de Maria Chacar. D'autant que je remarquai une Jeep militaire qui observait la scène depuis le village suivant.

— Vous n'avez pas peur?, demandé-je. Elle sourit.

— Como no[1]. Mais il y a si longtemps que j'ai peur. Nous autres les Indigènes, nous vivons dans une peur perpétuelle. Nous avons toutes des ulcères à l'estomac qui ne se ferment jamais. Nous faisons des cauchemars. Mais, maintenant, beaucoup de gens, des étrangers, viennent nous voir à Guatemala City. Nous ne crions plus dans le désert.

— Mais dans la capitale, les militaires vous laissent tranquilles?

La permanence de la CONAVIGUA ressemblait à un cloître, dans la paisible 8e Avenida. Je n'y avais rien remarqué d'anormal. Tandis que nous repartons en direction de Guatemala City, laissant les amis de Maria Chacar continuer à exhumer les ossements, l'Indienne me répond.

— Bien sûr qu'ils ne nous laissent pas tranquilles. Le G-Dos[2] est tout le temps sur notre dos. Vous avez remarqué, en face de notre porte, un local ouvert sur la rue. Théoriquement, c'est un imprimeur, en réalité, ce sont les agents du G-Dos qui nous espionnent. Ils surveillent les entrées et les sorties, ils notent les numéros des voitures de nos visiteurs. Des « paneles de muerte »[3] stationnent en permanence dans la rue.

Pour nous intimider.

Plusieurs de nos sœurs ont été suivies, injuriées, moles-

1. Bien sûr que si.
2. Service de Renseignement de l'Armée.
3. Voitures de la police secrète.

tées en pleine rue par des inconnus. Parfois, quand ils ont bu trop de « concha »[1], ils s'amusent à les déshabiller et il y a même eu des cas de viol.

— Personne n'intervient ?

— Personne ! Les gens ont trop peur. Ces hommes ont droit de vie ou de mort. Ce sont des soldats de la garde présidentielle en civil. Ils sont armés. Quelquefois, leurs méthodes sont ridicules. Pendant plusieurs jours, il y a eu un marchand de concombres en face de chez nous, jusqu'à deux heures du matin. Dans cette petite rue déserte où personne ne s'aventure la nuit...

J'imagine ce flic besogneux, attendant un improbable client, surveillant ces proies faciles que sont ces veuves désarmées. Maria Chacar, lancée, ne peut plus s'arrêter. Comme si parler eût été une sorte d'exorcisme.

— Le G-Dos écoute toutes nos communications téléphoniques, continue-t-elle.

Quelquefois, ils débarquent pour perquisitionner, sans autorisation, et ils volent tout ce qu'ils peuvent. Ils ouvrent notre courrier aussi, et l'emportent.

— Vous ne pouvez pas vous plaindre à la police ?

— La police ! Mais ils s'en moquent. Quand on va les voir, ils disent que nous sommes venues faire les putains à Guatemala City, que nous n'avons qu'à retourner dans le Quiché, si on veut la paix. C'est ce qu'ils cherchent : que nous ne parlions à personne, que nous ne rencontrions personne.

— Vous n'avez pas pris un avocat ?

— Si, deux fois. Un a été assassiné, l'autre est un sequestrado. Nul ne veut les remplacer.

— Et les médias ?

— Ils ont peur aussi. Il faut les comprendre. Dans n'importe quel pays normal, cette situation serait insupportable. Seulement, cela se passe au Guatemala, dernier pays féodal d'Amérique Latine.

1. Alcool clandestin.

Et encore, les choses ont évolué. Comme m'a dit un Guatémaltèque lucide et presque libéral :

— Les veuves ont de la chance. Du temps du général « Loco »[1] Lucas, on les aurait toutes tuées le jour de leur installation à Guatemala City. Le colonel Molina, qui commande le G-Dos est un modéré et les choses se sont beaucoup améliorées...

Tout est relatif. Depuis la prise de pouvoir du président, Jorge Serrano, en janvier 1991 et selon la commission des Droits de l'Homme, 3 671 violations ont été constatées, dont 1 049 exécutions sommaires, 38 étant commises sur des enfants.

Seulement, il faut comprendre qu'on est au pays de la Haine avec un grand H. Tout Ladino[2] qui ne situe pas les Indigènes entre le chien et le lézard, est, aux yeux de ses concitoyens, un dangereux libéral. Quand on les pousse un peu dans leurs retranchements, les Ladinos reconnaissent qu'ils ont beaucoup de mal à considérer les Indiens comme des êtres humains à part entière.

Lorsqu'on arrive à Guatemala City, on n'a pas l'impression d'être dans un pays où 54 % de la population est indienne. On ne voit que des Ladinos, semblables à tous les Sud-Américains. Même les « lustradores », les gamins qui vous entourent avec leur nécessaire à cirer dès que vous mettez les pieds hors de l'hôtel, sont des Ladinos. Pour un quetzal, ils vous font des chaussures où l'on peut se mirer. J'ai vu ma première Indienne, à l'entrée du restaurant « Le Rendez-Vous », situé dans ce que les Guatémaltèques appellent la « Zona viva », c'est-à-dire le quartier chic. On n'y voit qu'hôtels pour touristes, immeubles flambant neufs construits avec l'argent de la drogue, boutiques où le moindre objet coûte les deux mois de salaire d'un Guatémaltèque moyen. On se trouve bien dans le quartier sud de la capitale, la Zona 10, le long de La Reforma. Des rues

1. Fou.
2. Métis hispano-indien.

ombragées s'y coupent à angle droit, bordées de banques, de résidences somptueuses, de magasins de luxe, et, omniprésents, des vigiles à l'allure patibulaire, gardent les immeubles avec de vieux « riot-guns » pour un salaire de misère.

Mon Indienne était assise par terre, à côté d'un petit tas de lainages multicolores, offrant des couvertures, des sacs traditionnels, sans un mot ou un regard pour les gens qui circulaient autour d'elle. Les Métisses, superbes, le regard allumé, couvertes de bijoux, avec leurs longues jupes qui découvrent une partie de leurs bottes, ne lui accordaient pas plus d'importance qu'à un monceau de gravats. Saisissant contraste entre ces deux univers. Au bout d'un moment, l'Indienne a fait un ballot de ses tissages, l'a mis sur son dos et s'est éloignée, traînant un petit enfant qui grignotait une tortilla pleine de poussière.

Des Indiens, j'en ai vu d'autres, mais dans le bidonville El Gallito. Cette fois-ci, en plein centre de Guatemala City. La ville est coupée de profonds ravins, lits de rivières à sec. Sur leurs pentes, grouillent des constructions sauvages faites de cartons, de bois, de tôles, où se réfugient les Indiens venus chercher du travail et qui n'en ont pas ou plus. A chaque averse, tout est emporté au fond et ils reconstruisent leurs misérables abris avec une patience de fourmi.

On en trouve aussi dans le « basurero », l'énorme dépôt d'ordures qui brûle jour et nuit, le long de l'Avenida Roosevelt, dégageant une odeur nauséabonde et une âcre fumée noire qui se répand sur la ville comme un nuage asphyxiant. Des Indiens s'accrochent là, triant les déchets, respirant une atmosphère si polluée que même les animaux n'y résistent pas, trop contents de dénicher de quoi survivre.

Il y en a bien d'autres à Guatemala City. Par exemple des domestiques comme on n'ose plus l'imaginer, tassés dans des locaux insalubres, nourris après les chiens de la maison, à peine payés (300 quetzales par mois), renvoyés pour un oui ou pour un non. Leurs enfants n'ont pas le droit de pénétrer à l'intérieur de la demeure du maître. Comme je m'étonnais de cet état de chose auprès de la propriétaire d'une superbe villa de la Zona 15, sur les collines de pins qui dominent Guatemala City, elle me dit avec un étonnement sincère :

— Mais les « Indios » sont si sales ! Ils ne se lavent jamais.

Où se laveraient-ils, les malheureux ? D'ailleurs dans la langue courante, « indio » veut dire dégoûtant.

On comprend que les Indiens ne viennent pas en grand nombre s'installer en ville. Parce qu'ils vivent quand même mieux dans les montagnes, même s'ils n'y ont ni hôpitaux, ni écoles, ni journaux, seulement le strict nécessaire.

Cela dure ainsi depuis cinq cents ans, depuis la conquête espagnole, avec la complicité bienveillante du clergé catholique, très présent. A de rares exceptions près, l'Église, après avoir évangélisé les Indiens qui se laissèrent faire de bonne grâce, leur prêcha la résignation. Bien sûr, régulièrement, un évêque fustige en chaire à la cathédrale, les violations des Droits de l'Homme, avant de traverser la place et d'aller assister à une réception au Palacio Nacional.

Pourquoi les choses changeraient-elles ?

Pourtant, depuis quelques mois, on a pu sentir un frémissement d'espoir parmi les Indiens. Une femme, dont peu de gens avaient entendu parler jusqu'au mois de novembre 1992, a galvanisé ces victimes d'un système en apparence sans faille. Il s'agit de Rigoberta Menchu.

Une Indienne du Quiché, semblable à des milliers d'autres. Née dans un hameau, d'une famille misérable qui n'existe même plus, ouvrière agricole à huit ans, analphabète jusqu'à dix-huit, elle ne parlait même pas l'espagnol.

Les militaires du G-Dos l'avaient déjà repérée, il y a une douzaine d'années, alors qu'elle marchait sur les traces de son père, fondateur du premier syndicat de paysans, le CUC. Ils avaient décidé d'éliminer cette menace, pourtant en apparence bien modeste : ils tuèrent donc d'abord son père, puis son jeune frère, rallié aux « subversivos » et enfin sa mère, dans des conditions abominables.

Seule, Rigoberta Menchu leur échappa. Elle se cacha dans des villages, avant d'être recueillie dans un couvent de religieuses, comme domestique. Touchées par son charisme et sa volonté de lutter contre l'injustice, ces religieuses la firent passer clandestinement au Mexique. Elle n'aurait pu être qu'une réfugiée politique de plus. Seulement, Rigoberta, la petite Indienne au visage rond et doux se mit à apprendre l'espagnol et dès qu'elle pu communiquer avec l'étranger, elle commença à raconter son histoire et celle des Indiens du Guatemala, avec son cortège d'horreurs. Du haut de ses 1 mètre 50, elle a réussi à intéresser à sa cause des religieux progressistes, des tiers-mondistes, des organisations de protection des Droits de l'Homme, des personnalités en vue, comme Danielle Mitterrand. Aujourd'hui encore, on ignore exactement par quels canaux elle s'est fait connaître. Mais en dix ans d'exil, elle est devenue, aux yeux de beaucoup, une sorte de Jeanne d'Arc indienne, voyageant à travers le monde à la recherche de nouveaux soutiens.

Horrifiés de ce qu'ils apprenaient au sujet des Indiens du Guatemala, de plus en plus de personnes ont offert leur aide. Même le président du Mexique, Salinas, qui a pris Rigoberta Menchu sous sa protection depuis plusieurs années. Grâce à eux, la croisade pour les Droits des Indiens a grandi, grandi, jusqu'à l'apothéose, en novembre dernier où Rigoberta Menchu Tum (le dernier patronyme représentant le nom de sa mère), reçut le prix Nobel de la paix 1992 !

Outre le million de dollars immédiatement investi dans une fondation, cette consécration a couronné sa lauréate d'une véritable aura. Le pape, les organisations caritatives américaines, de nombreuses personnalités politiques ont choisi Rigoberta Menchu comme porte-drapeau de la résistance du peuple indien guatémaltèque à l'esclavage, d'abord des Espagnols, ensuite des Ladinos.

Déjà, en 1986, le gouvernement guatémaltèque avait été obligé d'amnistier Rigoberta Menchu, sous la pression internationale, en grinçant des dents évidemment. Il dut même l'autoriser à revenir pour de courts séjours au Guatemala alors même qu'il l'avait pourchassée en raison de ses activités subversives.

Après son prix Nobel, Rigoberta Menchu a décidé de revenir officiellement dans ce pays qui est le sien. C'est la raison pour laquelle j'ai voulu me rendre au Guatemala, afin d'être là lorsqu'elle arriverait, auréolée de sa distinction suédoise. Et c'est ainsi que j'ai connu Maria Chacar, à la CONAVIGUA.

Je m'attendais à une ambiance de liesse, je savais que beaucoup de veuves étaient venues à Guatemala City pour accueillir celle qui incarnait leurs espoirs. Or, j'ai trouvé des femmes, qui, certes, se préparaient fébrilement au retour de Rigoberta Menchu, mais je sentis qu'elles n'y croyaient pas encore. Maria Chacar, timide et mal à l'aise, me reçut dans une grande pièce vide assez sinistre. Je lui demandai :

— Les choses vont enfin bouger ? Vos droits vont être reconnus ?

Elle me regarda avec un air étrange, laissant tomber cette réponse terrible, sans colère, avec une résignation venant du fond des siècles :

— Ils vont la tuer.

« Ils », ce sont les militaires, les finceros, les Ladinos, tous ceux qui veulent que les Indiens restent à leur place de citoyens de seconde zone, formant une main-d'œuvre misérablement payée, à l'écart de tout progrès technologique ou économique.

Coupés du monde, les Indigènes sont destinés à se faire exploiter jusqu'à la fin des temps grâce à une pression mortelle, à une organisation féroce et bien huilée qui les maintiennent dans leur état de dépendance.

Le prix Nobel de Rigoberta Menchu est peut-être le

grain de sable qui va enrayer cette machine impitoyable et invincible.

Cependant, quand on voit ce qui s'est passé au Guatemala au cours des quarante dernières années, on comprend le scepticisme et la prudence des Indigènes.

On peut dire que c'est la CIA qui établit involontairement l'oligarchie qui a figé le pays dans un immobilisme féroce, alors que le reste de l'Amérique Latine évoluait. En effet, en 1954, le Guatemala était, ce qu'on appelait alors, une « république bananière » ; c'est-à-dire que la compagnie américaine United Fruits dirigeait pratiquement le pays, ce qui entraîna évidemment des conséquences négatives pour les Indiens. Le mécontentement fut tel qu'un mouvement populaire porta au pouvoir un certain Jacobo Arbenz, communiste bon teint !

C'était pour les États-Unis plongés en pleine guerre froide, l'horreur absolue, une abomination qui ne pouvait pas durer. C'était aussi l'époque « Cloak and Dagger »[1] de la CIA. Avec la bénédiction du président américain Eisenhower, héros de la Seconde Guerre mondiale, le soutien actif de Allen Dulles, patron de la CIA et d'un officier guatémaltèque aux idées orthodoxes, la CIA exécuta un coup d'État sans bavure, bombarda le palais présidentiel et mit au pouvoir le colonel Carlos Castillo Armas, premier d'une longue suite de dictateurs militaires.

Le premier acte de la junte fut de retirer le droit de vote aux analphabètes, qui représentaient 70 % des électeurs, de dissoudre les syndicats, d'interdire le parti communiste et de liquider les quelques intellectuels de gauche qui protestaient.

Alors, commença pour les finceros une période bénie, grâce à la main-d'œuvre d'Indigènes inépuisable et quasiment gratuite. Ils menèrent ce qu'on appela la politique « du frijol et du fusil »[2]. Les Indiens se trouvaient

1. Cape et Épée.
2. Du haricot et du fusil.

confrontés à un choix très simple : ou ils obéissaient et devenaient ainsi les derniers esclaves du xxᵉ siècle chichement nourris de maïs et de haricots noirs, ou ils se révoltaient et étaient abattus.

Les grands bénéficiaires de ce chantage : les Ladinos, à tous les échelons.

Évidemment, l'arrivée de Fidel Castro à La Havane troubla un peu cette situation idyllique. A partir de 1960, quelques paysans aidés de l'extérieur, entreprirent une guerre civile larvée, comme dans beaucoup de pays d'Amérique Latine. Ce fut l'époque des subversifs, époque qui découragea les Indiens et fait dire aujourd'hui à Maria Chacar qu'il y a peu d'espoir pour que les choses changent.

Au même moment, dans le village indien de San Miguel Uspantan, naissait une petite fille. Le père s'appelait Menchu et la mère Tum. L'enfant fut prénommée Rigoberta. C'étaient de pauvres gens, venus s'établir dans un coin perdu du Quiché pour y cultiver un peu d'osier et de maïs. Aucun ne parlait espagnol. Ils survivaient en se louant comme travailleurs agricoles dans les fincas du Sud, pour 3 ou 4 quetzales par jour.

La petite Rigoberta n'était pas différente des autres Indiennes, elle fut portée dans un sac sur le dos de sa mère. Dès l'âge de huit ans, elle se mit, elle aussi, à la cueillette du coton. Ceux qui l'employaient étaient loin de se douter de la menace qu'elle représenterait pour eux quelques années plus tard. Elle partageait sa vie entre l'altiplano[1] et la « Boca Costa », la côte du Pacifique, à trier le café ou le coton.

Pendant ce temps, la répression s'accentuait et le père de Rigoberta commençait à animer, au risque de sa vie, un mouvement syndicaliste, très souvent séparé de sa fille à cause de son travail. Rigoberta arrivait à gagner 20 centavos par jour si elle ramassait 35 livres de café.

Pour résumer, entre 1960 et 1973, il y a eu 140 000 morts,

---

1. Hauts plateaux des Andes.

dont 95 % chez les Indiens. A part quelques « subversifs », il s'agit de civils et d'Indiens, victimes d'enlèvements ou de massacres. Et en trente-deux ans, pas une seule arrestation.

On ne peut pas comprendre le Guatemala d'aujourd'hui si l'on ne survole pas rapidement cette longue période d'abominations. On dirait que les gouvernements qui se sont succédés à la tête du pays, ont eu à cœur de remporter toutes les médailles d'or des violations des Droits de l'Homme. De peur de devenir répétitif, je ne veux citer ici que les exemples les plus choquants.

Pendant une douzaine d'années, une organisation clandestine qui signait ses crimes « Le Jaguar Justicier » a dû commettre environ 10 000 assassinats avec des méthodes simples mais efficaces. Les communistes ou supposés tels, étaient enterrés vivants. Les démocrates, c'est-à-dire ceux qui réclamaient un gouvernement civil, étaient emmenés dans des avions militaires et jetés à la mer, sans parachute.

Tout le monde savait que les membres du « Jaguar Justicier » étaient des soldats de la garde présidentielle.

Un jour, un journaliste du quotidien « La Hora » eut l'audace de l'écrire.

Le lendemain, quatre hommes masqués l'attendaient devant son domicile. Ils lui vidèrent chacun un chargeur de pistolet-mitrailleur dans le corps et s'enfuirent dans une voiture dont un témoin releva le numéro.

Un avocat, Maître Osoycola fit des recherches et découvrit que ce numéro correspondait à celui d'un véhicule de la garde présidentielle. Il exigea une enquête et déposa une plainte contre X.

La plainte contre X de l'avocat Osoycola sonna le tocsin. Depuis 1975, la situation intérieure n'était pas brillante. En dépit d'une répression féroce, dont les Indiens faisaient les frais, les « subversifs » n'arrêtaient pas de marquer des points, cernant littéralement Guatemala City, assassinant les finceros, empêchant les gens d'aller travailler. Si, en plus, le mauvais esprit se mettait à souffler dans la capitale, cela pouvait devenir vraiment dangereux.

Le lendemain du dépôt de sa plainte, l'avocat Osoycola fut abattu dans sa voiture par deux tueurs en moto.

La jeune femme qui avait relevé le numéro de la voiture fut enlevée par des inconnus, et son corps abominablement torturé, retrouvé dans une décharge publique.

Dans la foulée, dix-sept avocats et vingt-cinq journalistes furent assassinés, tantôt chez eux, tantôt dans la rue, ou à leur bureau.

Une chape de béton s'abattit sur le pays.

Le Guatemala était alors dirigé par le général « Loco » Lucas. Un des plus féroces gourous que le pays ait jamais connu, un des plus riches aussi. En effet, les officiers guatémaltèques avaient réalisé qu'il était stupide de massacrer des Indiens, alors que les finceros de café, de cardamone, de canne à sucre, de coton ou d'hévéas continuaient à prospérer, tandis qu'eux devaient se contenter d'une solde modeste. Donc, ils devinrent des finceros à leur tour, et se partagèrent le gâteau. « Loco » Lucas, pas si fou, se contenta modestement de 4 000 hectares de café... C'est à cette époque que Rigoberta Menchu, âgée de treize ans, découvrit Guatemala City comme servante chez des Ladinos, alors qu'elle ne parlait pas encore un mot d'espagnol.

Son père vint lui rendre visite, mais devant son aspect misérable, la patronne de Rigoberta lui déclara :

— Va voir ton père dehors, mais ne le laisse pas entrer. Ici, il salirait.

Rigoberta vit donc son père dans le patio de la villa. Il avait faim et ne possédait pas un sou. Elle réussit à emprunter 10 quetzales à sa patronne pour les lui donner. Cela représentait un mois de son salaire...

Il repartit, et quelques jours plus tard, fut arrêté. En effet, il était l'un des premiers Indigènes à lutter contre les finceros afin d'obtenir de meilleures conditions de travail. C'est à cause de lui que Rigoberta Menchu, que tout destinait à une vie sans histoire, est devenue le leader et l'incarnation de la cause indienne au Guatemala.

En 1978, il participa à la fondation du CUC, clandestinement, puis officiellement ; mais rapidement, il fut repéré et traqué, et Rigoberta ne le vit presque plus. L'année suivante, à cause de deux événements tragiques, la vie de la jeune Indienne, qui n'avait que dix-huit ans, bascula.

D'abord, ce fut l'arrestation et la mort atroce de son jeune frère de seize ans, Patrocino. Lui aussi travaillait pour le CUC. Le 9 novembre, il fut arrêté par l'armée. Battu, torturé, il reparut, le 23, en compagnie d'autres subversifs, dans le village de Chajul. L'armée convoqua la population. Parmi les gens qui se pressèrent pour voir les torturés, se trouvait la mère de Rigoberta Menchu, et Rigoberta elle-même. Elle raconte dans ses mémoires ce souvenir d'horreur :

« Tous les torturés avaient en commun qu'ils n'avaient plus d'ongles, on leur avait coupé aussi des morceaux de la plante des pieds... Un officier faisait un discours, disait qu'il s'agissait de " guérilleros ", de communistes, que les Indiens ne devaient pas les écouter, continuer à se contenter de leurs terres et de leur nourriture habituelle.

Les torturés tombaient sans cesse, mais on les relevait à coups de crosse. Moi, je voyais mon petit frère, qui était tellement enflé, battu, on le reconnaissait à peine. Ma mère pleurait à côté de moi. Ensuite, on les a déshabillés. Mon petit frère avait des marques de brûlures, des coupures partout. Sa tête rasée était pleine de blessures, la plante de ses pieds avait été découpée. Sa langue aussi. Ensuite, on les a mis en rang et on les a arrosés d'essence. Puis, les soldats les ont enflammés avec des lambeaux de chiffon. Mon petit frère, qui paraissait à moitié mort, s'est tout à coup mis à faire des sauts, à pousser des cris horribles, tandis que les flammes le dévoraient. Puis il est tombé, comme les autres. Les soldats sont partis. Ils étaient très gais. Ils criaient : " Vive le Guatemala, Vive l'Armée, Vive notre président le général Lucas ! "

Ma mère a pris ce qu'il restait de son jeune fils dans ses bras, tout brûlé, et a pleuré jusqu'au moment où on l'a mis dans son cercueil. »

Deux mois plus tard, c'était au tour du père de Rigoberta Menchu de trouver la mort. Il s'était réfugié à l'ambassade d'Espagne, à Guatemala City, avec d'autres syndicalistes indiens. L'armée a donné l'assaut à l'ambassade et y a mis le feu, abattant tous ceux qui tentaient de fuir.

L'ambassadeur lui-même a échappé de justesse au massacre. Six mois plus tard, c'était enfin à la mère de Rigoberta. Mais cette fois, le but était d'attraper Rigoberta, passée dans la clandestinité. Arrêtée, torturée, violée, Madame Menchu fut finalement abandonnée, et agonisa, pendant cinq jours, sous un soleil brûlant, sans boire, sans manger. Des vers se mirent dans ses blessures et elle fut dévorée vivante. Des soldats guettaient, espérant que Rigoberta Menchu allait se montrer. Celle-ci entendait les gémissements de sa mère, mais réussit à ne pas tomber dans le piège. Quand elle fut morte, un soldat vint lui uriner dans la bouche, à la vue de tous. Ensuite, ils laissèrent une garde pour qu'on ne puisse pas l'enterrer. Pendant quatre mois ! Le cadavre a été dévoré par les zopilotes [1], les chiens, les rongeurs. Jusqu'à ce qu'il n'y ait plus rien.

Mais Rigoberta Menchu, incapable de souffrir plus, marquée pour la vie, était déjà loin. D'abord au village de Huehuetenango, ensuite à Guatemala City. Comme domestique chez des religieuses. Toujours clandestine, pourchassée par l'armée qui avait enfin réalisé le danger qu'elle représentait.

La suite, je l'ai racontée plus haut. En attendant l'arrivée de Rigoberta Menchu à Guatemala City, j'ai voulu avoir la version de l'armée, et j'ai été rendre visite à son porte-

---

1. Les vautours.

parole, le capitaine de frégate Julio Rivera. Cet officier m'a reçu fort civilement, au sixième étage du building abritant la banque de l'armée. Très « latino », la moustache fournie, le visage légèrement empâté, stature imposante et sourire de commande. J'ai surtout été impressionné par le saphir qu'il portait à la main droite, une pierre digne de Liz Taylor. Certainement pas achetée avec sa solde de 1 200 quetzales par mois. Bien entendu, son discours fut un modèle du genre.

Les sequestrados ? Une invention des ennemis du pays. Des gens comme ces veuves qui venaient se livrer à la prostitution dans la capitale. Leurs maris disparus ? Partis au Mexique avec une autre femme. Les abominations commises par l'armée ? Les « subversivos » en avaient fait dix fois plus.

Bien sûr, il y a eu des bavures, mais le Guatemala a échappé au marxisme. Et puis, les tribunaux n'ont jamais condamné personne. Si, une fois, un officier accusé d'un petit massacre et dont le jugement a ensuite été cassé. Or, le Guatemala est un État de Droit, claro ? Donc, si ces prétendus crimes n'ont pas été jugés, c'est qu'ils n'existent pas. Le capitaine a bien voulu me faire remarquer que l'armée intégrait les Indiens, ce qui est parfaitement exact. Mais, encadrés par des sous-officiers et des officiers Ladinos, ces Indiens analphabètes n'ont guère le choix de refuser d'obéir aux ordres...

Ce qui crée ensuite un prolétariat qui vient grossir les bidonvilles de la capitale, car une fois démobilisés, ils ne retournent évidemment pas dans leur village où ils se feraient lyncher ; ils deviennent soit voleurs, soit vigiles dans les innombrables sociétés de surveillance.

Lorsque j'ai parlé au capitaine de frégate Rivera de Rigoberta Menchu, il n'a pas pu cacher son dégoût.

— C'est une subversive !, a-t-il lâché. Le CUC est une organisation communiste qui a pour but le sabotage économique du pays.

Lorsque je lui ai demandé s'il était fier que le Guatemala

ait eu le prix Nobel de la paix, j'ai vu, à son regard, qu'il avait envie de me jeter par la fenêtre...

En le quittant, j'ai retrouvé en face du Palacio Nacional les petits « lustradores » qui vivent de quelques quetzales par jour, au cœur de la ville grouillante. Extérieurement, ce pays ressemble à un pays normal. Ce n'est qu'en parlant avec les gens qu'on découvre la peur omniprésente, celle qui fait détourner les yeux, ne pas répondre aux questions ou refuser de recevoir un étranger.

Comme c'était en face, je suis allé voir le représentant de la ligue des Droits de l'Homme à l'Archevêché, le Señor Lopez, un petit homme frêle, avec des lunettes rondes et un air de lapin effrayé. Il faut avouer qu'il a des excuses : ses deux prédécesseurs ont été assassinés... sans que l'on arrête les coupables, bien sûr.

— Est-ce que la situation des Droits de l'Homme s'est améliorée ?, lui ai-je demandé.

Il a hésité avant de me répondre à voix basse, comme au confessionnal.

— Il y a moins de sequestrados, a-t-il reconnu, mais on assassine encore beaucoup.

Quelques mois auparavant, un professeur de l'Université de San Carlos a été abattu devant chez lui. Il paraît qu'il avait des sympathies pour les « subversivos ». Mais, c'est mieux qu'en 86.

En 1986, en effet, l'armée guatémaltèque s'était surpassée. Sous la pression extérieure, elle avait accepté d'accorder l'amnistie à des personnes réfugiées à l'étranger, comme Rigoberta Menchu, et avait même autorisé la constitution d'une ligue des Droits de l'Homme, à Guatemala City. Ce qui fut fait, avec des émigrés au Mexique qui revinrent dans leur pays et commencèrent à recenser les manquements aux Droits de l'Homme.

Un mois plus tard, ils étaient tous supprimés par des inconnus.

Le Señor Lopez, par pudeur, ne m'a pas parlé des trois bombes qui ont explosé dans les bureaux de l'Archevêché, ces derniers mois. A quoi bon ? C'est une goutte d'eau. Et à qui se plaindre ? Le système est verrouillé. L'année dernière, une ethnologue a été assassinée en pleine rue par un homme armé d'un couteau. Une Américaine. Évidemment, les États-Unis ont réagi et une enquête a été ouverte par un des rares hommes intègres du système : le procureur général Valladorés. Il a fini par identifier l'assassin, un certain Noel de Jesus Beteta.

Celui-ci a été arrêté et jeté en prison, après avoir déclaré qu'il avait cédé à une pulsion irraisonnée en poignardant une femme qu'il ne connaissait pas. Mais au bout de six mois d'enquête, on découvrit que Noel de Jesus Beteta était en réalité un membre de la garde présidentielle et qu'il avait très vraisemblablement agi sur ordre...

Quelques jours plus tard, le juge qui instruisait l'affaire fut enlevé, frappé, menacé, et finalement relâché. Depuis, l'instruction contre Noel de Jesus Beteta est au point mort.

Il faut comprendre que, bien que le Guatemala connaisse son deuxième président civil, Jorge Serrano, c'est l'armée qui contrôle et qui gouverne le pays. L'homme le plus puissant en est le chef d'état-major de la garde présidentielle, le général Emero. D'ailleurs, le président Serrano est littéralement couvé par les militaires. Au Palacio Nacional, on ne voit qu'eux. Ils montent la garde, coiffés de drôles de shakos de saint-cyriens, répondent au téléphone ; un colonel filtre les visiteurs, et pour les réunions vraiment importantes, un général est toujours disponible.

Derrière le palais se trouve la caserne de la garde présidentielle et son bras armé, le G-Dos. Cette présence pesante rappelle au président QUI l'a fait roi...

Les intérêts des finceros et ceux des militaires étant inextricablement mêlés, les politiques n'ont qu'un rôle de figuration.

Ils ont peu de poids sur les décisions de politique intérieure. Les Américains, depuis 1985, ont rompu toute coopération avec le Guatemala. Ils maintiennent une ambassade sur place, mais les relations sont au plus bas. Ils ont renoncé à faire évoluer le régime de l'extérieur, et l'effacement du communisme a allégé la menace de déstabilisation de l'Amérique Centrale. Partout les « subversifs » ont laissé les armes : au Nicaragua, au Salvador, en Colombie. Cuba n'a plus de révolution à exporter.

Mis en quarantaine par la plupart des pays démocratiques, le Guatemala compte pourtant deux alliés de poids : Taiwan et surtout Israël. La solidarité des marginaux...

Israël, en particulier, a une lourde dette envers le Guatemala. Lors du débat aux Nations Unies pour la reconnaissance d'Israël, il manquait une voix. Ce fut celle du Guatemala qui sauva le vote.

Ce sont des choses qui ne s'oublient pas.

Depuis, Israël fournit au Guatemala armes, munitions, matériel de transmission, conseils antiguérilla, et achète beaucoup de produits guatémaltèques. Les Indiens sont abattus avec des fusils d'assaut Galil fabriqués sous licence au Guatemala. Quant à l'ambassadrice du Guatemala en Israël, elle possède la double nationalité, guatémaltèque et israélienne. La prochaine crise diplomatique n'est pas pour demain et aucun officiel israélien n'a jamais blâmé ses amis guatémaltèques pour la façon un peu brutale dont ils traitent le problème indien...

Taiwan, lui, apporte une discrète aide militaire et accorde de grandes facilités bancaires.

Aussi, le régime actuel est-il solide : tous les leviers de commande sont, soit aux mains de l'armée, soit dans celles de l'Association des producteurs agricoles, l'AGRA, qui se situe un peu à droite de Gengis Khan.

La menace subversive est presque éliminée et la drogue apporte un supplément de revenus appréciable à l'oligarchie en place. Depuis quelques mois, en effet, le Guatemala est devenu une escale pour les « narcos » qui transportent leur drogue vers le nord. Il existe des centaines de pistes d'atterrissage dans le sud du pays, une par finca. Les « narcos » prennent discrètement contact avec un propriétaire, lui demandent de laisser à telle heure, tel jour, quelques centaines de litres d'essence et de fermer les yeux sur leurs activités... Le lendemain, les finceros trouvent, avec les fûts d'essence vides, une enveloppe de 20 000 ou 40 000 dollars cash... Dans le nord du pays, le Peten, la culture de l'amapola[1] bat son plein. Les Américains estiment la valeur de la production à deux milliards de dollars. Pour la surveillance, le gouvernement guatémaltèque possède une voiture pour 50 000 km^2...

Si bien qu'à Guatemala City, les nouveaux immeubles fleurissent et les banques font la queue pour s'installer.

Dans la 7e Avenida, en face de la synagogue, s'élève un building où tous les appartements ont été payés en liquide, au minimum cent mille dollars.

De quoi faire rêver les malheureux Indiens, aux salaires squelettiques. L'irruption de la drogue au Guatemala a eu de multiples conséquences. D'abord : l'afflux d'argent. Les sommes générées par le trafic sont colossales. Un agent de la DEA de Guatemala City m'a dit que l'agence américaine estimait à 15 milliards de dollars par an, le chiffre d'affaires des « narcos ». A côté, les profits tirés des fincas paraissent ridicules. La gangrène se répand très vite.

D'abord, parce que les « narcos » ont des méthodes radicales. Le fincero qui refuse de laisser atterrir une « avioneta » bourrée de coca, en provenance de Barranquilla ou Medellin risque tout simplement sa peau. Des « subversifs » débarquent à l'improviste dans sa finca et brûlent tout ce qu'ils peuvent. S'il n'a pas compris, la prochaine fois, c'est à lui qu'ils s'en prennent. Déjà trois ou quatre ont payé leur courage de leur vie.

Ce flot d'argent gagné facilement fait tourner les têtes. Pour le moment, c'est pratiquement sans risque. Le Guatemala ne compte que deux radars de surveillance, l'un à Guatemala City, l'autre sur la côte Pacifique et dont la portée ne dépasse pas une trentaine de kilomètres. Ils suffisent tout juste pour le trafic civil.

---

1. Pavot, bien que ce mot signifie coquelicot en castillan pur.

Alors, peu à peu, la société est touchée. C'est ainsi que cela a commencé en Colombie. D'abord, les paysans puis les intermédiaires, ensuite les militaires, et enfin les hommes politiques. Quand on en arrive à ce stade, il n'y a plus rien à faire. Or, il est à craindre que ce ne soit déjà trop tard pour le Guatemala.

L'homme qui m'a livré le plus de renseignements sur ce sujet est un personnage extraordinaire, Acislo Valladeres, procureur général du Guatemala, c'est-à-dire le ministre de la Justice.

Je l'ai rencontré chez lui, dans une petite maison ancienne, non loin de La Reforma. Il m'a reçu dans une pièce étrange, avec des vitraux comme dans une église. L'atmosphère y était très vieille Espagne. Lui-même ne ressemble pas aux matamores tropicaux. On dirait un notaire de province. Mais, sous son air effacé, se cache une efficacité redoutable : il est probablement l'homme le plus haï du Guatemala.

D'abord, parce que depuis des années, il lutte pied à pied pour que le Guatemala devienne un État de Droit, ce qui s'apparente aux travaux d'Hercule. Seul, il a réussi à traîner devant les tribunaux, des militaires ayant assassiné leurs adversaires politiques. Bien entendu, ils ont été relâchés ou bien, les juges terrorisés ont prononcé leur acquittement. Mais enfin, il a essayé. Pour cette action, les Américains lui vouent une grande admiration et il m'a montré la lettre extrêmement élogieuse que lui a envoyé le dernier ambassadeur américain, avant de quitter le pays.

Il lui a également offert une Chevrolet Blazer blindée, d'occasion certes, mais encore capable de rendre autant de services que les « pistoleros » qui traînent dans le jardin d'Acislo Valladeres.

Car, depuis quelques mois, ce dernier s'est attaqué aux « narcos », tâche encore plus dangereuse que de défier les militaires guatémaltèques.

— Tout le monde ment, m'a-t-il confié. Les officiels prétendent qu'il n'y a pas vraiment de problèmes avec la drogue dans notre pays, que les « avionetas » colombiennes ne font que passer, que les Guatémaltèques ne se mêlent pas du trafic.

J'ai la preuve du contraire. Il y a six mois, les services de la police nationale, le « Departamento de Operaciones Antinarcoticas », ont démantelé, sur mon instigation, un important trafic de drogue, basé à Guatemala City et réalisé par des Guatémaltèques. Il s'agissait de la société Frucosa qui expédiait aux États-Unis et en Europe des papayes, des melons, des bananes. Ces fruits étaient évidés et bourrés de drogue. Celle-ci arrivait directement de Colombie, pour être conditionnée sur place.

Les directeurs de la Frucosa sont en fuite.

Cependant, il y a pire. Les policiers ont arrêté le frère d'un homme politique influent appartenant au parti du président Serrano : Armando Vargas, maire de la ville de Zacapa. Chez lui, on a trouvé un stock de deux tonnes de cocaïne ! Une valeur de deux milliards de dollars dans les rues de Miami ou de New York... Les Américains m'ont demandé son extradition aux États-Unis. J'ai fini par l'obtenir, au prix des pires difficultés. Tous les jours, on m'a menacé de mort au téléphone. Son frère a tenté de le faire évader avec une voiture munie d'une fausse plaque d'immatriculation, en se faisant passer pour un haut fonctionnaire du ministère de la Justice.

Quand je l'ai mis dans l'avion, j'ai poussé un « ouf » de soulagement. Mais je sais que je me suis condamné à mort. « Ils » ne me pardonneront pas. Parce que Armando Vargas n'est pas un cas isolé. De plus en plus, les politiciens guatémaltèques qui n'ont aucun pouvoir à cause de la toute-puissance de l'armée, se vengent en amassant des sommes colossales grâce au trafic de drogue. Avec, bien entendu, la complicité de certains militaires.

Dans le Peten, au nord, il y a maintenant d'immenses plantations de pavots. Celles-ci sont financées par des investisseurs qui viennent du sud, des finceros désireux de gagner encore plus d'argent. Les paysans de cette région sont tellement pauvres qu'ils acceptent volontiers de convertir leurs cultures traditionnelles pour celle du pavot qui leur rapporte dix fois plus. Là-bas, il n'y a rien, ni électricité, ni hôpitaux, ni moyens de transport. Pour se ravitailler, il faut parfois parcourir plus de cent kilomètres. Afin d'avoir une voiture neuve ou un toit sur leur cahute, les paysans locaux entrent dans le système des « narcos » et n'en sortent plus. Et un élément supplémentaire pousse au développement de la culture du pavot. Le changement de goût de la clientèle américaine. La cocaïne est en chute libre, remplacée par l'héroïne et ses dérivés. Or, l'héroïne est extraite du pavot. Celui-ci ne pousse pas bien en Colombie, au Pérou ou en Bolivie. Il faut donc trouver des terres de remplacement. Le Guatemala est tout indiqué.

Les Américains n'y sont pas présents. La police sans moyens et la présence de subversifs dans les régions les plus reculées du pays, qu'ils coupent des zones habitées, permettent à tous les trafics de se développer.

Dans cinq ans, le Guatemala sera aussi pourri par la drogue que la Colombie aujourd'hui. Avec toujours plus d'argent, les Ladinos voudront encore moins partager avec les Indiens. Or, avec de l'argent, on trouve des armes et on achète les militaires. Toute l'Amérique Latine en est le vivant exemple. Voilà pourquoi, je ne suis pas optimiste pour mon malheureux pays.

Le procureur général Acislo Valladeres avait l'air bien triste de sa conclusion. Pourtant, il y a de grandes chances pour qu'il ait raison. Les finceros guatémaltèques sont des gens durs et sans scrupules. Ils se sont toujours considérés au-dessus des lois et haïssent cordialement les « gringos », les Américains, qui leur ont reproché leur sauvagerie. Alors, faire fortune en leur vendant de la drogue leur procure un double plaisir.

Lorsque je sors de la modeste demeure du procureur général, un DC 10 d'Aeromexico décolle, passant au-dessus des maisons de la 6e Avenue dans un grondement assourdissant. Guatemala City a tellement grandi que l'aéroport se trouve juste au sud de la ville. C'est un carrousel incessant d'appareils qui se posent ou décollent en rasant les toits des quartiers populaires. Le hasard ou la prudence ont fait que les quartiers élégants, la « Zona viva » et les quartiers résidentiels ressemblant à Beverly Hills, ne se trouvent pas au-dessous de la trajectoire des avions. Ici, le moindre appartement se vend 100 000 dollars [1], les villas montent jusqu'à un million de dollars. Et, au fur et à mesure de leur construction, les immeubles neufs se vendent comme des petits pains. Presque toujours payés cash...

Les restaurants de la « Zona viva » sont bourrés de Ladinas au regard brûlant, à la démarche provocante, généralement habillées à la dernière mode quand elles n'affectionnent pas la longue jupe ouverte sur de hautes bottes noires. Elles conduisent des voitures japonaises récentes et dépensent en une après-midi, ce que leur « muchacha » [2] gagne en un an.

Hautaines et lointaines, elles ne voient pas les petits « lustradores » qui survivent à raison de 1 quetzal le nettoyage de chaussures, les innombrables gosses qui gardent ou lavent les voitures pour quelques pièces, dormant à même le trottoir. Il est frappant de parcourir la Zone 10 ou la Zone 15 la nuit. Il y a des dizaines de gosses sur les trottoirs. Des enfants entre huit et quinze ans dormant enroulés dans une couverture, à côté de la voiture qu'ils « gardent », espérant ainsi récupérer un peu d'argent quand le propriétaire revient la chercher. De toute façon, que trouveraient-ils de mieux chez eux, dans les bidonvilles de El Gallo ? Ils vivent là, comme des animaux abandonnés, humant le fumet de richesse qui s'échappe des grands hôtels, des restaurants, des villas élégantes aux jardins impeccablement entretenus, gardés par des vigiles, presque aussi misérables qu'eux. Les gardiens aussi passent

1. 500 000 francs français environ.
2. Femme de ménage.

des heures dehors, tassés sur des pliants, leur « riot-gun » en travers des genoux, surveillant tout ce qui peut avoir de la valeur : magasins, appartements, résidences. Pour 500 quetzales par mois.

Teigneux avec les Indiens qui traînent, obséquieux avec les Ladinos, ils attendent le voleur maladroit qu'ils pourront cribler de plomb, ce qui leur vaudra une prime, certes modeste, mais qui améliorera leur ordinaire. Lorsqu'on remonte La Reforma en direction du centre, on passe peu à peu d'un erzatz de Californie à la pouillerie grouillante de l'Amérique Latine classique : bus bondés, étalages dans la rue, foule affairée essayant de survivre. J'ai été frappé par l'expression des visages, où l'on peut lire cette résignation héritée des Indiens. Personne ne se plaint, aucune manifestation violente, tout au plus quelques slogans tracés à la sauvette, réclamant un peu plus de liberté et des salaires décents.

A Guatemala City, certains ouvriers municipaux gagnent encore 800 quetzales par mois. Huit cents francs.

Pour comprendre comment ils ne meurent pas de faim, j'ai été au marché central, derrière la cathédrale, et je les ai regardé manger. Leur nourriture est à base de frijol, ce haricot noir à 75 centavos la livre, que l'on fait cuire et recuire dans de l'huile très épicée. Ils consomment aussi beaucoup de maïs avec lequel on fait des tortillas, sortes de galettes qu'ils mangent nature ou fourrées à la viande ou au poisson. Enfin, de la salade sauvage pour quelques centavos et des pommes.

Une fois par mois, ils font une folie : de la viande de sixième catégorie, qu'en Europe, on ne donnerait pas à un chien. Bouillie et rebouillie, elle finit par être mangeable... Toute l'année, c'est le même menu. Dans les bidonvilles, il y a des poulets et des cochons aussi, qui couchent dans l'unique pièce de la casa...

En sortant de là, je me suis rendu chez le Señor Noriega, le président du CACIF, équivalent guatémaltèque de la FNSEA, qui regroupe tous les producteurs agricoles.

Changement total de décor : grand building de verre et d'acier sur La Reforma, bureau lambrissé dont les murs sont tapissés de diplômes américains, moquette épaisse à souhait et meubles en acajou massif. Sur la table basse, un bronze représentant un groupe de chameaux. Heureux propriétaire d'une finca de cardamone qui couvre quelques milliers d'hectares dans la région de Santa Lucia, Monsieur Noriega a les cheveux courts, le visage légèrement empâté, mais le corps mince, « grâce au golf » m'explique-t-il. Parlant parfaitement l'anglais et répondant à toutes mes questions avec beaucoup de bonne volonté, il me débite une ritournelle rassurante, harmonieuse et lénifiante.

Les Indiens ? Ils possèdent 97 % des terres, qu'ils exploitent dans de petites fermes. Ceux qui n'en ont pas, sont employés dans des fincas avec un salaire minimum de 1 000 quetzales par mois. Bien traités évidemment. Il oublie de me dire que ce salaire est versé à une famille qui compte cinq ou six personnes et que les enfants à partir de huit ans, doivent fournir la moitié du travail d'un adulte. De même, tous les produits achetés par les Indiens à la cantina [1] leur sont facturés à des tarifs prohibitifs, quatre fois ce qu'ils coûtent réellement.

Quant aux fermes indiennes, leur production est achetée, au contraire, à un prix très bas, qui leur permet à peine de vivre.

J'ai rencontré, dans les rues de Guatemala City, des Indiens qui vendaient de l'osier amené à dos d'homme sur deux cents kilomètres... Comme les sapins de Noël. Toute la famille suit et campe à même le trottoir en attendant que tout disparaisse, puis tout le monde repart dans la montagne, en bus, si les affaires ont été bonnes, sinon, à pied.

Revenons à Monsieur Noriega.

— S'il n'y avait pas eu les « subversifs », émanation du communisme international, le Guatemala serait un pays de cocagne, m'a-t-il confié. Maintenant qu'ils sont vaincus, la

---

1. Sorte de drugstore façon sud-américaine.

situation est plutôt bonne : seulement 15 % d'inflation, des réserves de change de 350 millions de dollars, pas de dette extérieure, un commerce florissant. La cardamone, le café et le caoutchouc se vendent bien. Le sucre est en pleine ascension : 70 dollars la tonne.

Évidemment, s'il fallait augmenter les salaires des Indiens, tout changerait. Mais ils sont heureux comme cela, claro ? L'armée construit même des hôpitaux dans le Quiché.

— Et Rigoberta Menchu ?

— Rigoberta Menchu ?

Noriega baisse les yeux comme s'il réfléchissait. Il ne la connaît pas. Il sait qu'elle a partie liée avec les subversifs. C'est une subversive elle-même. Mais cela n'a pas d'importance, elle n'a pas d'influence à l'intérieur du Guatemala. Il y a trop de divisions entre les tribus indiennes.

Alors, qu'importe qu'elle soit une figure médiatique internationale. Le Guatemala vit en circuit fermé depuis si longtemps. Il va produire de plus en plus de richesses et tout ira bien. Le communisme est mort et les opposants, privés de leur soutien habituel, ne sont plus dangereux. Les Américains devraient réaliser que nous avons fait un gros effort en ce qui concerne les Droits de l'Homme.

Et puis, huit nouvelles banques sont en train de s'installer à Guatemala City. C'est bon signe, non ?

Noriega me raccompagne. Sa secrétaire qui gagne 1 200 quetzales par mois (une Ladina bien sûr) m'adresse un chaleureux sourire. Les Guatémaltèques ont beau dire qu'ils se moquent de l'opinion internationale, ils souffrent quand même de l'ostracisme dont ils sont victimes.

Dehors, sur La Reforma, c'est l'animation habituelle. Les bus municipaux sont en grève. Les gens qui viennent travailler dans la capitale, depuis les colonias [1] qui enserrent Guatemala City, s'entassent debout, serrés comme des sardines dans des camions ou bien rentrent à pied, résignés,

---

1. Banlieues pauvres.

sans même chercher à faire du stop. Ici, cela ne se pratique pas. Les gens ont peur et n'y pensent même pas.

Au loin, vers le sud-ouest, le « basurero » continue à cracher sa fumée nauséabonde. Les touristes débarqués pour deux jours, se ruent sur les tissus indiens, avant d'aller passer la nuit à Tikal, dans le lointain Peten, là où se trouvent les plus belles ruines mayas. Peu d'étrangers visitent le Quiché, et les villages reculés où vivent la plupart des Indiens. Pas de routes, pas d'hôtels, pas de téléphone et surtout, rien à voir, à part le moutonnement des collines couvertes de jungle... et les Indiens qui trottinent au bord des routes, en groupes serrés, les enfants accrochés au dos de leur mère, leurs jupes multicolores balayant le sol, les hommes portant d'énormes charges retenues par le metacal, le traditionnel bandeau passé sur le front autour de la tête.

Murés dans leur univers, ils regardent rarement les touristes. Si on ne partage pas leur vie ou au moins leur nourriture, ils ne vous font pas confiance. Après des centaines d'années de quasi-esclavage, ils ont acquis une méfiance génétique, fortement teintée de fatalisme. Manger à peu près à sa faim, dormir, se reproduire. Leur univers ne va guère plus loin. Il n'existe aucune culture indienne écrite, pas de journaux, pas de livres, pas d'émissions de télévision. L'Indienne que j'ai rencontrée à la CONAVIGUA, qui se trouvait pourtant à Guatemala City depuis des mois, n'avait jamais été au cinéma.

Ils vivent comme s'ils habitaient sur une autre planète, séparés des Ladinos par un mur invisible.

Rares sont ceux, qui comme Rigoberta Menchu et sa famille, se dressent contre le pouvoir établi. C'est trop difficile et c'est véritablement faire preuve d'héroïsme. Peut-être cette passivité déconcerte-t-elle ceux qui veulent leur venir en aide. Ils se laissent tuer, comme des animaux que l'on mène à l'abattoir. Pour un peu, ils jugeraient ça normal, inscrit dans l'ordre des choses.

Accompagné d'une maigre cohorte de diplomates, je

pensais à tout cela en allant accueillir Rigoberta Menchu, sur le tarmac de l'aéroport de Guatemala City. Le gouvernement guatémaltèque n'avait envoyé aucun représentant. L'ambassade de France, sur ordre de Paris, avait mis une voiture blindée à la disposition de la lauréate. Quand le 727 personnel du président du Mexique s'est posé, un supporter, tout de blanc vêtu, s'est mis à faire des sauts de cabri en hurlant : « Que viva la compañera Rigoberta. Que viva Rigoberta Menchu Tum. »

Elle descendit, au milieu de ses amis, religieux de tout poil et babas cool un peu défraîchis, toute ronde, toute souriante dans son costume traditionnel, un grand collier rouge autour du cou, des sandales aux pieds, entourée d'officiels, de diplomates et de photographes.

Je me suis demandé ce qu'elle ressentait, elle, dont toute la famille avait été massacrée par les militaires de son pays, elle, qui avait dû quitter clandestinement le territoire, déguisée en religieuse et vivre en exil plus de dix ans, avant de pouvoir brièvement revenir au Guatemala, après l'amnistie du gouvernement guatemaltèque en 1986 malgré ses contacts avec les subversifs.

Elle avançait sans se presser, se déplaçant avec lenteur, souriant, envoyant des gestes amicaux à des admirateurs massés sur une galerie dominant la piste.

Sous le soleil éclatant, on aurait pu croire à une scène complètement banale. Et pourtant, cette arrivée officielle, avec journalistes et diplomates, représentait une « avancée » inouïe, comme disent les syndicalistes. Une brèche dans la forteresse ladina. J'ai observé les policiers de garde, postés sur son parcours. Ils regardaient ailleurs, gênés. D'ailleurs, le service d'ordre était réduit à sa plus simple expression.

Au cours de la petite conférence de presse qu'elle a donné en espagnol, dans un salon de l'aéroport, Rigoberta tint des propos modérés, recueillis pieusement par les reporters, tous Ladinos. Ils ont quand même frémi lorsque Rigoberta Menchu a fait allusion à la « violence juste » citée dans la Bible, pour faire valoir ses droits. Les finceros et les gens de l' « Establishment » qui regardaient la télévision ont dû grincer des dents et regretter amèrement que l'armée n'ait pas exterminé toute la famille Menchu.

Elle est ensuite sortie, gagnant l'esplanade, en face de l'aérogare, où l'attendait une petite estrade avec des micros afin de s'adresser à ses supporters rassemblés en contrebas, dans le parking de l'aéroport. Un petit fait m'a alors frappé, plus parlant qu'un long discours. Sur son parcours se trouvait une femme indienne assise à même le sol, offrant ses tissages multicolores aux touristes.

Rigoberta Menchu est passée à deux mètres d'elle et ne lui a même pas adressé un regard. Je m'attendais à ce qu'elle lui sourît, qu'elle lui tende la main, qu'elle marque sa sympathie à l'égard de cette sœur de race.

Rien.

Quant à l'Indienne, elle ne tourna pas la tête. Comme si Rigoberta avait été transparente.

A mes yeux, cette scène symbolise parfaitement l'apathie du peuple indien, l'absence de communication entre les différents groupes ethniques, c'est-à-dire tout ce qui a permis aux Ladinos de maintenir leur domination.

Dès que Rigoberta Menchu est montée sur l'estrade, une salve incroyable, assourdissante, a éclaté. Des centaines de pétards ont explosé en chaîne, dégageant une fumée âcre. Façon traditionnelle pour les Indiens de manifester leur joie. Rigoberta Menchu a salué les quelques banderoles de bienvenue, a prononcé une courte harangue et s'est engouffrée dans sa voiture blindée avec l'une de ses compagnes débarquée avec elle de l'avion, un havresac bleu accroché au dos, les traits figés comme si elle était momifiée.

Finalement, il n'y avait pas beaucoup de monde, quelques centaines de personnes. Les Indiens sont trop pauvres pour prendre le bus ou le train. Et surtout, je pense que la plupart ignoraient l'arrivée de la lauréate Menchu.

Ou bien ils ont eu peur de venir, ils n'ont pas pu vaincre leur vieille terreur ancestrale des Ladinos.

Lorsque Rigoberta Menchu s'est adressée à ses compatriotes dans leur langue, puis en espagnol, il m'a été impossible de voir sur ses traits si elle était heureuse, déçue, ou effrayée. Seul l'avenir nous dira si le phénomène Rigoberta Menchu, prix Nobel de la paix 1992, est seulement un feu de paille ou si les cinq cents ans d'esclavage des Indiens guatémaltèques touchent à leur fin.

4

CAMBODGE
Année zéro

Les crânes aux os blanchis sont empilés dans un ordre impeccable, en une pyramide de rictus effrayants. Sur chaque pariétal, il y a un chiffre : l'âge approximatif du mort. Les plus âgés sont à la base. Les nombres vont de 15 à 60. Il y a une pyramide spéciale pour les enfants, depuis les nouveau-nés jusqu'à douze-quinze ans. Derrière la glace qui protège cette macabre exposition, ces ossements semblent abstraits. On a du mal à imaginer que chaque crâne représente un être humain, un des 1 500 000 Cambodgiens massacrés par les Khmers rouges.

Retenez bien ce chiffre : c'est le second plus grand génocide du siècle après celui des nazis envers les Juifs.

L'ossuaire n'est pas terminé. Une vingtaine d'ouvriers font la navette entre la stupa[1] élevée en hommage aux martyrs des « polpotistes », comme disent les Cambodgiens, et un bâtiment de bois où sont entassés des milliers de boîtes crâniennes arrachées aux fosses communes. Ils les prennent avec soin, les époussettent avec un pinceau et notent l'âge probable au feutre noir. Avant de les mettre en place dans la stupa. Celle-ci s'élève au milieu d'un plat décor de rizières écrasé de chaleur, à trente kilomètres au sud-ouest de Phnom Penh. De loin, on dirait un des innombrables temples bouddhistes qui parsèment le Cam-

---

1. Temple.

bodge avec leurs toits en tuiles multicolores et leur haute flèche.

Ce n'est que lorsque l'on découvre, la gorge serrée, l'étendue de l'horreur, que l'on réalise qu'on se trouve dans un des hauts lieux du génocide cambodgien. Fin avril 1975, tandis que de nombreux journalistes communistes et marxistes célébraient la fin du régime Lon Nol et la « libération » de Phnom Penh par les « gentils » Khmers rouges, Pol Pot, leur chef, et son bras droit, Ieng Sary, créaient le plus grand centre de sécurité du « Kampuchéa Démocratique ». Kampuchéa était le nouveau nom du Cambodge auquel on avait associé l'adjectif « démocratique » pour attirer les gogos épris de marxisme et de démocratie populaire.

Le Centre de Sécurité, le S.21, comportait un lieu de détention, de tortures et d'interrogatoires, à Phnom Penh même, la prison de Tuol Seng. On peut aujourd'hui la visiter et c'est un second voyage au bout de l'horreur. On dirait des salles de tortures moyenâgeuses. Les chaînes et les anneaux scellés dans le mur sont encore là. Un pan entier est couvert des photos d'identité des personnes arrêtées. Avec le numéro d'ordre et la date de leur exécution. Les Khmers rouges étaient très méticuleux. Quelques semaines plus tard, on ouvrait le camp d'extermination de Choeung Ek, dans le district de Dangkor. Là où je me trouve actuellement, face à cet amoncellement de crânes.

Dès le début de 1976 et jusqu'à fin 1978, les victimes de Tuol Seng, après les plus immondes tourments, sont toutes envoyées à Choeung Ek. Pour ethnocide.

Ce sont des techniciens chinois qui aidèrent les Khmers rouges à établir une clôture électrifiée haute tension autour du camp, en utilisant la verrerie voisine de Dangkor. Et le massacre commença avec régularité. Ici, il n'y a ni fours crématoires, ni chambres à gaz. C'est plus artisanal. On exécute les gens à genoux d'une balle dans la nuque, les mains liées derrière le dos, les yeux bandés. Parfois, tout simplement, à coups de houe. Ou de bâton. Ou de crosse de Kalachnikov.

Vers mai 1978, la cadence s'accélère, des cadres et même des soldats Khmers rouges « dissidents » sont amenés par camions entiers à Choeung Ek. Ainsi que de simples paysans de la zone Est qui se rebellent sous le joug des « polpotistes ».

Ils finiront, comme les 20 000 autres victimes du camp, des intellectuels, des paysans, des femmes et des enfants ainsi que neuf Européens non identifiés, à l'exception d'un seul, un Australien, David Llyod Scott. Il y eut aussi un ministre de Pol Pot, Hou Nim.

L'endroit n'est pas très grand : deux hectares. Vers 1980, lorsque les troupes vietnamiennes chassent les Khmers rouges, on découvre 129 fosses communes où l'on compte 8 985 squelettes, dont 166 sans tête. Il en existe même une spéciale, pour des femmes, certaines avec leur bébé.

Aujourd'hui encore, il suffit de faire quelques pas autour de la stupa, de gratter la terre, pour exhumer des ossements, en vrac, à même le sol ! Dans cet environnement bucolique de rizières, c'est hallucinant. Les morts ont été enterrés superficiellement, partout, gagnant peu à peu sur la rizière voisine. Il y en a encore des centaines qui attendent une sépulture décente. Ces pauvres squelettes souillés de terre vous nouent l'estomac, vous forcent à imaginer l'inimaginable.

Mais il y a pire : une grande boîte de bois dans la stupa, pleine de photos d'identité : celles des morts, gardées par les Khmers rouges. Nombreux ont encore l'étiquette au cou dont on les affublait lors des interrogatoires à Tuol Seng. Des femmes, des adolescents, des hommes. Des visages banals. Ceux de simples citoyens torturés et assassinés par leur propre gouvernement.

Quand on s'éloigne de Choeung Ek, il faut un certain temps pour réaliser que le Cambodge est plein de ces camps d'extermination, la plupart plus petits. Sans parler des paysans tués sur une route ou dans une rizière, et dont on ne retrouvera jamais aucune trace.

20 % de la population cambodgienne, qui comptait environ huit millions de personnes à l'arrivée de Pol Pot, ont été massacrés en un peu plus de trois ans. Comme si la France avait perdu dix millions d'habitants. Si les Vietnamiens n'avaient pas envahi le Cambodge en 1978, il y aurait sûrement eu d'autres massacres.

Pourquoi ce génocide inouï ? Ces exterminations aveugles ? Au nom d'une idéologie de folie, mélange de marxisme, de nationalisme, de haine. Pour l'Angkar, le gouvernement « polpotiste », il s'agissait de purifier le Cambodge de toute influence occidentale, moderne, technologique. La première mesure qu'ils prirent en entrant à Phnom Penh, fut de vider les hôpitaux de tous leurs malades, même ceux qui ne pouvaient pas marcher, traînés sur leurs lits à roulettes ! Tous les Cambodgiens qui parlaient une langue étrangère, qui étaient instruits, bref tous ceux qui n'appartenaient pas à la classe rurale, étaient supprimés en priorité.

L'idée était de créer un peuple de paysans, sans hiérarchie, sans industrie, malléable et corvéable à merci. Même les médecins ne trouvaient pas grâce aux yeux des « polpotistes ». Ils extrapolaient la phrase célèbre en 1789 : « La Révolution n'a pas besoin d'artistes. »

Eux n'avaient besoin de personne qui sache faire autre chose que se battre ou remuer la terre. A Phnom Penh, ils brisaient même les réfrigérateurs à coups de casse-tête. Ils détruisaient l'appareillage médical, les ordinateurs.

Leur modèle, c'était Mao Tsé-toung, avec sa révolution fondée sur la masse paysanne chinoise. En dix fois plus féroce.

Bien entendu, la religion bouddhiste était leur première ennemie. Dans tout le pays, on brûla ou dynamita les temples, on transforma les pagodes en parkings. Les bonzes furent parmi leurs premières victimes. Eux avaient droit à un traitement spécial : on leur tranchait la tête.

Comme on le faisait aux innombrables statues de Bouddha qui pullulent au Cambodge. J'ai vu, au temple d'Angkor, un spectacle hallucinant. Toutes les statues ont été décapitées, des blocs de pierre datant de plusieurs siècles. Certaines têtes, trop lourdes pour les voleurs, gisent encore dans la forêt, s'enfonçant peu à peu dans l'humus. Les « polpotistes » se sont attaqués au patrimoine culturel avec la même fureur aveugle qu'aux individus. Le musée de Phnom Penh a été vidé lui aussi.

C'est une aventure atroce, inconcevable. Même les nazis n'en sont jamais arrivés là. Et on ne sait pas comment les choses auraient évolué si, en 1978, les Vietnamiens n'avaient pas occupé le Cambodge avec des forces considérables. Ce n'était évidemment pas par grandeur d'âme. De tout temps, le Viêt-nam (70 millions d'habitants) a eu des vues sur l'ancien petit royaume du prince Sihanouk qui en compte dix fois moins, tout en étant un grand producteur de riz.

Seulement, le génocide « polpotiste » fournissait un excellent prétexte pour entrer au Cambodge et y rester.

Devant les blindés, l'artillerie et l'aviation vietnamiennes, les Khmers rouges ne purent que refluer vers leurs anciennes bases, dans la jungle. Seulement, les malheureux Cambodgiens troquaient une dictature sanglante contre une autre, moins féroce, mais communiste, avec son boulet idéologique.

La « République du Kampuchéa Démocratique » ne changea pas de nom, et le pays continua à être totalement fermé. Les seules ambassades présentes étant celles des pays de l'Est. A l'ONU, le siège du Cambodge continua à appartenir aux Khmers rouges, le seul gouvernement légal du pays. Conséquence de la bureaucratie kafkaïenne des Nations Unies où seul le formalisme compte. On peut massacrer sa propre population ; si on le fait dans le respect des règles administratives, on est dans son droit.

Le Premier ministre cambodgien, Hun Sen, installé par les Vietnamiens, n'a jamais été reconnu par les membres de l'ONU. Comme s'il avait moins de légalité que les Khmers rouges...

Peu à peu, les Vietnamiens se retirèrent, en grande partie, afin de donner un aspect présentable au gouvernement qu'ils avaient mis en place. La situation dura ainsi une dizaine d'années pendant lesquelles le Viêt-nam tint à bout de bras sa conquête coupée du monde extérieur. Mais, lui-même frisant la pauvreté absolue, les conditions de vie des Cambodgiens ne s'améliorèrent guère. Peu de pays étaient aussi isolés ! Lorsque je suis arrivé à Phnom Penh, le seul moyen d'y parvenir était (encore) un vol bihebdomadaire au départ de Saigon !

Le gouvernement Hun Sen n'ayant de représentation diplomatique nulle part, il fallait d'abord prendre un visa vietnamien et, sur l'aéroport de Tann-Son Nhut, à Saigon, on vous délivrait le visa cambodgien.

Pendant cette longue période de silence on en a presque oublié les Khmers rouges, disparus comme de mauvais génies devant un exorcisme. Après ce génocide organisé, épouvantable, on pourrait penser que, défaits, ils ont sévèrement payés pour leurs forfaits abominables, pour cette extermination ubuesque et systématique. Normalement, ils auraient dû être mis au ban de l'humanité, comme les nazis, pourchassés, arrêtés, jugés et condamnés. Eh bien, ce n'est pas du tout le cas.

Pol Pot, le « grand ordinateur » de cette horreur programmée, vit dans la région de Pailin, dans le village de Trat. Il est remarié et a une petite fille de cinq ans. Les Services occidentaux savent qu'il vient régulièrement faire soigner ses hémorroïdes dans un grand hôpital de Bangkok. Son complice, Ieng Sary, a épousé la sœur de sa nouvelle femme. Il voyage beaucoup, avec un passeport diplomatique chinois et personne ne lui a jamais causé aucun ennui.

Ici, on peut s'arrêter pour se frotter les yeux.

Vous imaginez Adolf Hitler retiré à Vienne après la guerre et vivant tranquillement en compagnie de Goebbels ? Et le monde trouvant cela, certes, un peu choquant, mais ne levant pas le petit doigt...

Les Israéliens ne l'auraient pas laissé respirer plus de dix minutes...

Pourquoi les Khmers rouges jouissent-ils d'une telle impunité ? On peut avancer plusieurs raisons. La première, la plus importante, c'est qu'ils se sont déchaînés contre des gens sans défense, le peuple khmer, et que les rescapés n'ont aucun moyen de se venger. La deuxième, c'est qu'aucune grande puissance ne s'est jamais vraiment attaquée à eux. La Chine a été leur alliée depuis le début. L'URSS s'est désintéressée (ce n'était pas sa sphère d'influence) et a simplement laissé son allié vietnamien les renvoyer dans leur jungle. La France les a sévèrement condamnés. Verbalement. Quant aux États-Unis, ils ont carrément collaboré avec les Khmers rouges ! De 1979 à 1982, les Services américains, la CIA, leur a fourni des armes via la Thaïlande. Uniquement par ressentiment envers les Vietnamiens.

Les Britanniques ont fait mieux, ils ont envoyé des officiers pour entraîner les Khmers rouges en 1981.

On peut dire que sans ces interventions extérieures, le mouvement aurait été complètement écrasé vers 1982. Même avec l'aide chinoise. La troisième raison de la survie du « polpotisme » est l'union secrète avec la Thaïlande. Les Khmers rouges contrôlent toujours une région extrêmement riche en mines de rubis et en bois précieux, autour de Pailin. Ils exportent ces matières premières vers l'étranger, en association avec des groupes thaïlandais où on retrouve de nombreux généraux thaïs. De même, les armes qu'ils achètent sur le marché international transitent par la Thaïlande.

Les Thaïs n'ayant jamais eu la fibre « Droits de l'Homme » très développée, cette entente fonctionne parfaitement.

En sus de ces raisons logiques, concrètes, il y en a une, moins avouable, mais qui, souterrainement, a peut-être joué un rôle tout aussi important dans l'impunité des « polpotistes ». Les Khmers rouges étaient des communistes. Certes, des communistes d'une variété un peu plus sanglante que le modèle ordinaire, se rapprochant de la grande époque des purges staliniennes. Ils ont donc bénéficié de la part des médias, surtout en France, d'une sorte d'indulgence non dite. Depuis la fin de la guerre, l'intelligentsia gauchiste a systématiquement truqué la réalité des grands événements politiques, en partant d'un postulat simple : les communistes, même s'ils sont très mauvais, ont toujours quelque chose de bon en eux.

Une atteinte aux Droits de l'Homme, même très grave, dans un pays communiste, n'est qu'un péché véniel. Un étudiant gauchiste giflé dans un pays capitaliste, et c'est un tollé général démesuré.

Jean-Paul Sartre avait fort bien résumé cet état d'esprit dans une formule lapidaire : « Tous les anticommunistes sont des chiens. » On continue quand même à le considérer comme un des grands penseurs d'après-guerre.

Donc, les Khmers rouges ont bénéficié de cette complaisance diffuse, dûment répandue par les innombrables relais tiers-mondistes et tous les sous-marins de la galaxie communiste.

A l'appui de ce que j'écris, j'ai trouvé dans le rapport annuel de 1989 d'Amnesty International, un passage qui est un chef-d'œuvre d'humour noir. Je vous le livre tel quel :

« Il semblerait que le PKD[1] *(Les Khmers rouges) ait torturé et tué un certain nombre de prisonniers (en 1989). Ainsi, le 24 avril, des forces de sécurité du PKD auraient sommairement abattu Neuan Meuan, un soldat qui s'était absenté sans permission du « site 8 », camp de réfugiés à la frontière thaïlandaise, administré par les Khmers rouges. En juillet, Amnesty International a écrit au président du PKD, (Khmers rouges) Khieu Sampan, insistant pour qu'une enquête soit menée sur ce meurtre. »*

1. Parti Khmer Démocratique.

N'est-ce pas inouï ? Amnesty International attendant des Khmers rouges des explications sur un meurtre, un tout petit meurtre, et leur écrivant comme à des gens tout à fait convenables mais responsables d'une petite bavure... Je voudrais savoir s'ils ont jamais pensé à leur demander des comptes au sujet de 1 500 000 Cambodgiens assassinés par leurs soins.

C'est un peu comme si on avait écrit à Hitler pour obtenir de lui des renseignements sur un Juif assassiné, en s'attendant à ce qu'il réponde poliment qu'il s'agissait d'une regrettable erreur.

Bien. Revenons à la situation actuelle.

Leurs chefs historiques à l'abri, les Khmers rouges ne se sont pas dissous dans la jungle du Sud-Est asiatique. Ils tiennent encore de larges régions du Cambodge et profitent même de la sympathie de certains villages. En dépit de leur déroute face à l'armée vietnamienne, ils disposent encore d'un armement relativement puissant et de considérables caches d'armes.

Quand je suis arrivé à Phnom Penh, j'ai senti tout de suite leur poids, leurs menaces latentes. Couvre-feu à 9 heures, patrouilles incessantes, et surtout la peur chez les habitants de la capitale. La crainte viscérale qu'ils reviennent, que l'horreur recommence.

Ils tiennent encore près de 60 % du pays. En particulier le Nord, avec la région de Siem Reap, celle des temples d'Angkor. On ne peut en visiter que deux sur la centaine que compte l'ensemble, Angkor Vat et le Bayon, parce que les Khmers rouges jugulent la jungle tout autour. A vingt kilomètres de Phnom Penh, on se fait tirer parfois dessus. Même en ville où ils sont invisibles, on craint des attentats. Les policiers du gouvernement Hun Sen sont sûrs qu'il y a de nombreux entrepôts secrets d'armes en ville. Aussi, ont-ils établi un système de contrôle très strict, avec un responsable par immeuble, obligé de signaler l'arrivée de tout étranger en ville.

Ta-Mok, un des chefs historiques de l'Angkar, domine

toute une région autour de Siem Reap et y exploite des scieries. Unijambiste, il est parmi ceux qui n'ont rien abjuré de leurs convictions. On le crédite, pour son seul secteur de 400 000 assassinats.

Donc, après un génocide réussi, une défaite militaire et l'opprobre du monde entier, les Khmers rouges se portent bien et n'ont qu'une idée : reprendre le pouvoir.

L'ambiguïté est complète lorsqu'on sait que l'actuel Premier ministre du Cambodge, provietnamien, est un ancien Khmer rouge qui a changé de camp en 1978...

Pourtant, il est difficile d'imaginer dans quel état les Khmers rouges ont laissé le pays ! Quand je suis arrivé à l'aéroport de Pochentong, j'en ai eu le cœur serré. J'avais quitté le Cambodge en 1975, avant leur offensive. Ils cernaient Phnom Penh, mais la vie était encore gaie dans la capitale, et malgré la guerre, on goûtait toujours la joie de vivre khmère.

Dès Pochentong, j'ai été frappé par le délabrement du pays. Les douaniers parviennent à peine à lire les documents, à la lumière jaunâtre d'un vieux néon qui clignote, prêt à s'éteindre. Pas un avion sur les pistes. Juste quelques vieux hélicoptères russes. Le Cambodge est encore coupé du monde, sauf via le Viêt-nam.

Sur la route de Phnom Penh, mon taxi, une Toyota toute neuve, sans plaque, importée clandestinement de Thaïlande, double des centaines de bicyclettes et de cyclo-pousses. On se croirait revenu au début du siècle.

En ville, c'est sinistre : pas d'éclairage public ! Des centaines de lumignons brillent dans l'avenue Monorom. Je devrais dire l'ex-avenue, car toutes les dénominations ont été changées. Des lampes à huile, à pétrole, à acétylène. Peu de voitures, mais une foule de deux-roues, des Honda pétaradantes avec trois ou quatre passagers, les immatriculations sont en cambodgien, les rues ont des numéros, les avenues des noms.

Avant les Khmers rouges, Phnom Penh était une superbe ville-parc avec de grandes artères, des maisons coquettes entourées de jardins, presque pas de buildings modernes. Tout semble abandonné, détruit. Sur les balcons, on aperçoit des familles entières entassées dans une seule pièce, en train de faire la cuisine.

J'arrive au " Cambodiana ", le seul hôtel possible, au bord du Mekong. En 1975, ce n'était qu'une carcasse inachevée, squattée par des réfugiés. Aujourd'hui, les dollars de Singapour en ont fait un « presque palace »... Il n'y a pas encore de téléphone, pas de liaisons internationales, les chambres sont aussi spartiates qu'une cellule monacale et la nourriture du restaurant chinois pousse à l'anorexie. Devant, le Mekong coule lentement, toujours aussi limoneux. Le grand pont qui l'enjambait, détruit en 1975, n'est pas encore réparé. Seul luxe : une piscine où s'ébattent les membres des ONG[1]. Le vieux Cambodgien qui s'occupe de la piscine me raconte comment il a survécu.

— J'ai passé trois ans dans la rizière, m'explique-t-il. J'ai réussi à cacher que je parlais anglais, sinon, ils m'auraient tué tout de suite. Mais j'ai perdu toutes mes dents : je ne mangeais qu'un peu de riz. Et puis, j'ai assisté à des choses si horribles... Dans le camp où je me trouvais, il y avait une punition particulièrement cruelle pour ceux qui volaient de la nourriture. On les attachait dans une sorte de baignoire carrée avec un système de courroies qui faisait qu'on se noyait tout seul en se débattant... Le chef du camp avait vingt ans. Il était resté six ans dans la jungle. Une fois, une femme a essayé de s'échapper : il lui a coupé le bout des seins avec une tenaille. Il forçait les prisonnières à avoir des rapports sexuels avec les Khmers rouges. Celles qui refusaient, il les mutilait avec la tenaille qui ne le quittait jamais...

— Où est-il maintenant ?

Il a un geste vague.

— Dans la forêt... c'étaient des sauvages, des brutes. Sans arrêt, ils nous répétaient : « On va faire de l'engrais

1. Organisations non gouvernementales.

avec vous. C'est tout ce que vous méritez. » Dans mon camp, ils économisaient les munitions, alors ils tuaient à coups de houe. Vous avez vu les grands cocotiers en ville, comme ils sont beaux ? Eh bien, au pied de chacun d'entre eux, il y a des cadavres. Du fumier humain, comme disaient les « polpotistes ».

Tout au long de mon séjour, je recueillerai à peu près les mêmes témoignages. Pas un Cambodgien qui n'ait perdu un ou plusieurs proches. Ils ont tous connu les camps dans la rizière, les tortures. Ils haïssent les Khmers rouges, mais ils en ont encore peur. Leur hantise, c'est qu'ils reviennent.

Une employée d'Air Kampuchéa m'a confié d'un air craintif :

— J'ai vu cinq cents femmes assassinées à coups de bâtons dans mon camp. Uniquement parce que c'étaient des « bourgeoises ». C'est-à-dire qu'elles avaient une certaine éducation. Nous avons été trois survivantes.

Elle aussi n'a presque plus de dents.

J'essaie, le lendemain, de retrouver le Phnom Penh que j'avais connu, avec ses restaurants, ses vieux hôtels pleins de charme, ce parfum de ville coloniale émancipée.

Le spectacle est terrible. Tout ce qui était beau ou utile a été détruit. L'hôpital Calmette n'est plus qu'une structure vide, noircie par les flammes. Toutes les ambassades sont occupées par des réfugiés, quand elles n'ont pas été rasées. Seule survit l'ambassade soviétique, boulevard Monivong, devenue Toussamuth, au coin de la rue 370. Avec un bloc de HLM lépreux à l'intérieur, souillé par la crasse, entouré de terrains vagues.

Les derniers Russes, détestés par la population, se cachent. Il ne reste plus beaucoup de signes de la présence communiste : seulement du vin bulgare Melnik, imbuvable, offert dans tous les établissements, d'étranges chapeaux en feutre, de couleurs vives, importés de Tchécoslovaquie et arborés par les cyclo-pousses ainsi qu'un vieil Antonov 50 essoufflé qui fait la liaison avec Siem Reap.

L'Aeroflot est fermée.

Avant, l'hôtel le plus charmant de la ville, était le « Royal », devenu ensuite le « Phnomp ». Il s'appelle aujourd'hui le « Samaki ». A l'abandon, il abrite des ONG. La piscine est vide, le bar fermé et des animaux empaillés s'ennuient dans des vitrines poussiéreuses.

Plus je me promène dans Phnom Penh, plus je découvre la rage dévastatrice des Khmers rouges. Ils se sont acharnés sur tout ce qui évoquait l'étranger, la culture. La cathédrale a été dynamitée, tous les bouddhas des pagodes, décapités. Le casino rasé. Une fureur de destruction. Même les maisons les plus élégantes ont été transformées en bureaux ou simplement abandonnées après avoir été minées. Maintenant, elles sont envahies par des hordes de squatters revenus en ville sur les pas des Vietnamiens. La folie « polpotiste » additionnée à l'invasion vietnamienne a créé une situation kafkaïenne. Les Khmers rouges ont anéanti une bonne partie de la ville en partant. Ensuite, Hun Sen, en communiste consciencieux, a distribué les demeures libres à ses amis, aux cadres du Parti, aux ingénieurs. Quand les habitants rescapés du génocide sont rentrés, ils ont trouvé leur logement occupé ! Impossible d'en chasser les nouveaux habitants tant que l'équipe de Hun Sen sera au pouvoir. Certains campent dans le jardin d'une maison désertée en face de leur ancien domicile ! Et ils creusent parfois le sol en cachette. Car c'est le sport national à Phnom Penh : tout le monde retourne la terre des jardins. Quand les Khmers rouges ont investi la ville en 1975, ceux qui possédaient de l'or ou des bijoux les ont enterrés. La plupart, emmenés dans les rizières, ont disparu à tout jamais.

Il paraît qu'on trouve encore des trésors...

Ils finissent bien souvent chez les petits bijoutiers qui ont rouvert tout autour du marché central. C'est bien là le seul signe de prospérité. Alentour, d'énormes immeubles noirâtres, qui n'ont pas été entretenus depuis dix ans, ressemblent à des fourmilières, avec trente personnes par appartement, sans aucun titre légal bien entendu. On s'y entasse, on fait la cuisine à même le sol, on jette les ordures dans la rue. L'odeur est abominable.

Au marché, il y a de tout, mais à des prix exorbitants pour le Cambodgien moyen. Un kilo de riz coûte 110 riels. Un cyclo-pousse en gagne 50 par jour et doit nourrir vingt personnes.

Les fonctionnaires meurent de faim. Les policiers cadavériques, sanglés dans des uniformes d'un vert olive affreux, sans arme, se rattrapent en rackettant systématiquement les cyclos, sans oser s'attaquer aux étrangers. Comme dans tout régime communiste, la corruption est partout et la Nomenklatura prospère grassement.

Pour une admission à l'hôpital, il y a une liste d'attente d'un an. Mais vingt lits sont réservés en permanence pour la présidence.

Il y a six mois, il y avait deux Mercedes à Phnom Penh, il y en a vingt aujourd'hui. Demain, elles seront des milliers. Des fortunes énormes s'édifient grâce à l'importation, via le Viêt-nam et la Thaïlande. La filière des voitures enrichit énormément de gens. Elles sont achetées en Thaïlande, souvent par des Cambodgiens installés sur place. Elles passent ensuite la frontière par Pailin, ce qui permet aux Khmers rouges de prélever alors leur dîme. A Phnom Penh, elles sont revendues le double ou le triple. Les moins belles partent ensuite sur le Viêt-nam, par la route stratégique n° 1 où elles font carrément cinq fois la culbute. Sur tout ce parcours, une foule d'intermédiaires se remplit les poches...

Comme l'armée contrôle tout, ce sont les officiers qui ont la plus grosse part du gâteau.

Le moindre colonel roule en BMW, sans plaque évidemment. Les plus audacieux s'installent dans les villas élégantes du quartier Est, repeintes en blanc pour masquer leur misère.

Une partie de cet argent finit par filtrer jusqu'à une petite classe moyenne de boutiquiers et de pseudo-courtiers. Des milliers d'antennes de télévision ont surgi en six mois.

On voit encore six personnes sur une Honda, mais les motos pétaradent partout, surtout conduites par des femmes. Tous les soirs, sur Monorom, c'est un enchevêtrement de cyclo-pousses et de Honda, avec parfois de sanglantes collisions. Les Cambodgiens ont des notions très primitives du code de la route : c'est le plus fort qui passe...

Certains membres de l'enseignement arrivent désormais à se faire de l'argent. Un diplôme de la faculté de Phnom Penh se négocie pour 3 000 dollars... D'ailleurs, avec des dollars, on trouve n'importe quoi : des armes, de la drogue, même la possibilité de téléphoner hors du pays. Pourtant, dans tout Phnom Penh, il n'y a que quatre téléphones internationaux...

Il y a même un salon de coiffure de luxe pour hommes et femmes, rue 273. Les clients, allongés sur des fauteuils, sont massés, « acupuncturés », rasés. Le luxe après les années d'horreur ! Du temps des Khmers rouges, la télévision, la radio, la musique, les coiffeurs, les instituts de beauté étaient interdits. Comme les livres, l'art et la pratique de la religion...

Aujourd'hui, les bonzes en robe safran reparaissent timidement dans les rues, avec leur petite boîte sur le ventre pour recueillir la nourriture qu'ils mendient.

Seule l'essence manque officiellement. Parce qu'on en vend à la bouteille sur tous les trottoirs pour 250 riels le litre. Un dollar fait 600 riels.

Pourtant, dans les buildings du centre surpeuplés, décrépis et jaunâtres, à l'odeur nauséabonde, on éprouve une certaine joie de vivre.

Dans la rue, les femmes vous regardent d'une façon provocante, sourient, se maquillent comme elles le peuvent, avec les moyens du bord. Les produits de beauté occidentaux sont hors de prix pour elles.

Les Cambodgiens ne lisent pas la presse : ce sont des boulimiques de l'image, et ils se contentent de vieux dessins animés soviétiques qui, partout ailleurs dans le monde, feraient exploser les télés.

Et encore, Phnom Penh est une oasis de modernité dans le Cambodge anéanti. Pour aller de la capitale à Battambang (400 kilomètres), il faut trois jours de train... Quand il y a des trains... D'ailleurs, la gare de Phnom Penh est fermée par une grosse chaîne et un cadenas. On ne l'ouvre que lorsqu'un convoi est annoncé. Pour chacun d'entre eux, il y a un wagon plate-forme qu'on accroche devant la locomotive, à cause des mines. On pourrait croire que ce wagon reste vide. Pas du tout. Les gens le prennent d'assaut. Explication : les places sont gratuites... Évidemment, de temps en temps, il saute.

Toujours à cause des mines, il faut passer par Battambang pour aller à Siem Reap, à 120 kilomètres de Phnom Penh.

La plupart des routes sont inutilisables. Soit parce qu'elles sont minées, soit parce que les ouvrages d'art sont détruits, soit encore, parce que les Khmers rouges tirent sur tout ce qui passe à leur portée. En réalité, ils n'ont jamais désarmé, même s'ils ne peuvent plus mener d'actions d'envergure. Leur survie s'explique par leur encadrement et leur isolement. Ils ne sont jamais dans les villes, rarement dans les villages, campant plutôt dans des endroits reculés. Ils sont jeunes, ayant souvent été enrôlés dès l'âge de treize ans. Analphabètes. L'Angkar est leur père et leur mère. Il est impossible de discuter avec eux. C'est un autre univers. Ils ne connaissent que leur chef direct, à qui ils obéissent aveuglément. Une nouvelle race de gladiateurs, murés dans une idéologie qu'on leur serine tous les jours.

Il n'y a, en conséquence, pratiquement pas de déserteurs Khmers rouges. Soit les « suspects » sont abattus avant même d'avoir pu s'enfuir, soit ils n'y pensent même pas.

C'est incroyable de voir comment, avec peu de moyens,

ils ont pu dévaster totalement un pays, le désorganiser et maintenir une pression aussi forte, pratiquement sans aide extérieure depuis un an. Certes, les Chinois leur donnent encore des munitions, mais en petite quantité. Leur arme favorite, c'est la mine. Il y en a des millions au Cambodge qui transforment les rizières en pièges mortels.

Ce qui frappe à Phnom Penh, c'est le nombre d'amputés. Surtout des jeunes. Devant l'Hôtel International, un gosse de huit ans, unijambiste, fait la manche. Lui se débrouille presque correctement parce qu'il a trouvé une astuce : il refuse tout ce qui n'est pas dollars... Cela amuse beaucoup les ONG qui mettent la main à leur poche. Mais d'autres n'ont pas sa chance... On en voit partout, se traînant sur des béquilles ou marchant sur leurs moignons, avec des prothèses de fortune, bricolées avec du bambou et de la ferraille. Une organisation humanitaire a installé son Q.G. à l'hôtel Samaki, distribuant des prothèses venant de l'étranger. Tous les matins, il y a la queue : des centaines de malheureux qui espèrent reprendre une vie à peu près normale, pouvoir travailler. Mais il n'y en a jamais assez, et les mines continuent de frapper tous les jours, au hasard.

D'ailleurs, il n'y a pas que la menace des explosifs. La hantise des organes de Sécurité, ce sont les infiltrations de Khmers rouges. Grâce à des amis, j'ai pu rencontrer un des responsables de la lutte contre les « polpotistes ».

Quand je me présente au ministère de l'Intérieur, deux flics, très jeunes, faméliques, la peau sur les os, flottant dans des chemises trop grandes pour eux, enfourchent une Honda pour deux, serrant de petites serviettes en cuir bouilli. Il s'agit d'une grosse maison coloniale, jaune à volets blancs au milieu d'un jardin, isolée de l'extérieur par des plaques de tôle collées aux grilles. Au coin de l'avenue Toussamuth et de la rue 214.

Le colonel Jan Sarin, patron du Deuxième Bureau, me

reçoit avec affabilité. Il parle très bien français et ponctue toutes ses phrases de petits rires secs. Il a le visage plat, le regard insaisissable, une chemise à carreaux et un pantalon sans forme... C'est le spécialiste des infiltrations. Il me montre une carte de Phnom Penh constellée de minuscules points rouges.

— Toutes les caches d'armes que nous avons trouvées, explique-t-il.

— Vous avez arrêté des gens ?

Petit rire sec.

— Non.

— Il n'y avait personne ?

— Si...

Re-petit rire sec. Donc, il les tue. Aussitôt, il ajoute :

— Nous avons même déniché une prison clandestine dans un village à vingt kilomètres d'ici. Nous avons libéré trois prisonniers.

Comme il est tard et que cela lui fait plaisir de parler français, il m'emmène déjeuner dans une guinguette assez crasseuse, derrière ce qui reste de l'hôpital Calmette, le « Restaurant du Lac ». En plein air, ce qui signifie dans une chaleur étouffante. Le canard qu'on nous donne à manger a dû venir à pied de Battambang et nous devons le disputer à des hordes de moustiques affamés. Jan Sarin avale canard et moustiques en une même bouchée, arrosant le tout alternativement de cognac et de bière. Sa langue se délie.

— Les « polpotistes », me confie-t-il, il ne faut pas les emprisonner. Il faut « faire tiet »[1]. On ne peut rien en tirer. Tant qu'ils sont vivants, ils sont capables de se venger. Ils enlèvent des gens pour les échanger. Ils ont commis trop de crimes. Et puis, notre prison est toute petite, il n'y a pas de place pour tout le monde.

Il rit.

C'est vrai, je suis passé devant, rue 140.

---

1. Expression vietnamienne qui signifie tuer.

Jan Sarin reprend son sérieux pour me dire, sur le ton de la confidence :

— Les Chinois ont livré vingt-quatre chars aux « polpotistes » le mois dernier. C'est inquiétant. Ils sont toujours très forts.

— Comment peuvent-ils avoir encore des alliés après ce qu'ils ont fait ?

Il hoche la tête et laisse tomber :

— Ils sont très malins, très malins. Dans les campagnes, ils paient le riz trois fois le prix officiel. Les paysans sont très contents. Les soldats du gouvernement, eux, sont très mal payés, 3 000 riels par mois. Alors, ils volent le riz et quelquefois, ils tuent les paysans. Ce n'est pas bien...

— Mais les « polpotistes » sont pauvres aussi...

— Oui, mais très disciplinés. S'ils volent, on les enterre vivants. Alors, ils ne volent pas.

Visiblement enchanté et partisan de cette méthode expéditive, il arbore un énorme sourire.

— Il y a encore des « polpotistes » ici, en ville ?

Petit rire sec.

— Il y en avait beaucoup, ils sont débrouillards, ils sont revenus avec les réfugiés. Et les armes, on n'en manque pas. Seulement, il y a des gens qui ont de la mémoire. Ils les reconnaissent... Allez à l'hôpital, vous verrez beaucoup de morts. Tués par une seule balle. Ce sont des « polpotistes » qu'on a démasqués...

Après un dernier cognac chinois, je le raccompagne au ministère de l'Intérieur. Avant de le quitter, je lui demande :

— Avant le génocide, Phnom Penh était une ville très animée. Il n'y a plus rien maintenant.

Cette remarque déclenche son hilarité, et il me note une adresse sur un bout de papier.

— Allez là ce soir !

L'orchestre juché sur une estrade joue une lambada endiablée et les couples se pressent sur la piste. Il est dix heures et une grande pancarte annonce : « Le maire de Phnom Penh interdit la danse après le couvre-feu ». Hommes et femmes, qui se déhanchent avec entrain, n'en ont visiblement rien à faire... C'est inattendu d'entendre cette musique brésilienne dans ce coin perdu, au bout du monde, très loin du centre de Phnom Penh.

J'ai eu un mal fou à trouver le « Kleung Romsev » qui se situe près du stade. Un immense dancing-restaurant, bourré de monde. La lambada terminée, une chanteuse khmère prend la suite, accompagnée d'une musique tonitruante. Les gens continuent à danser. Pas d'étrangers.

Brutalement, je revis l'ambiance sensuelle et gaie du Phnom Penh d'avant la déchirure. La salle est pleine de petites entraîneuses fardées, des paillettes dorées sur les paupières. L'une d'elle vient s'asseoir près de moi, salue et reste là, sans rien dire. Évidemment, elle ne parle que khmer. Automatiquement, le garçon lui apporte une bière à laquelle elle ne touche pas. J'en repère plusieurs comme elle, à une table, installées dans une sorte de cage de verre, à droite de l'orchestre. Il y a des uniformes et beaucoup de filles. Cette licence est nouvelle. Les Khmers rouges avaient envoyé les gentilles prostituées, qui pullulaient à Phnom Penh, dans les rizières. Celles qui en revinrent, les Vietnamiens les expédièrent en camp de rééducation... Apparemment, le régime se libéralise.

Voyant que je ne m'intéresse pas à elle, mon « escorte » va rejoindre une autre table. J'observe les filles. Certaines, à la peau sombre, se sont fardées de blanc, ce qui leur donne un air violet assez étrange. En tout cas, les gens s'amusent comme des fous et la bière coule à flots.

A dix heures trente, tout s'arrête et les lumières s'éteignent. Une flopée de pousses attend dehors dans le noir et tout le monde se disperse dans la ville, ténébreuse comme une mine de charbon. Ce n'est pas encore la grande fête !

Ce qui frappe à Phnom Penh, c'est cette rage de vivre qui se manifeste de toutes les façons. Tous ceux qui habitent là ont frôlé la mort. Même si aujourd'hui leur existence est peu enviable, elle est quand même préférable à l'époque où ils travaillaient douze heures par jour dans la rizière avec, comme unique perspective, un coup de houe sur la nuque au moindre manquement. Il est difficile d'imaginer le traumatisme collectif du peuple khmer sans l'avoir côtoyé.

A tel point qu'un homme comme Hun Sen est devenu extraordinairement populaire. J'ai vu des gens s'attrouper autour d'une télé dans la rue alors qu'il parlait. Pourtant, ils devraient le haïr, à deux titres. D'abord, il a fait partie des Khmers rouges. Ensuite, il est provietnamien. Or, les Vietnamiens sont à peu près aussi populaires au Cambodge que les Allemands, en Alsace, en 1914...

Seulement, il représente le seul barrage contre les « polpotistes », justement à cause de ses liens avec le Viêt-nam.

Les grandes puissances ont montré qu'elles se moquaient éperdument du petit Cambodge. Si les Khmers rouges tentaient de réinvestir le pays, personne ne bougerait. Sauf, peut-être, les Vietnamiens.

**

Les Cambodgiens ont appris à vivre avec cette épée de Damoclès au-dessus de leur tête. Tant que les Khmers rouges n'auront pas été éliminés totalement, tant qu'ils bénéficieront encore de la complicité active ou passive d'États comme la Thaïlande ou la Chine, ils restent dangereux. Leurs chefs, Pol Pot, Khieu Samphan, Ieng Sary, sont encore jeunes. Mais il suffirait qu'ils soient déclarés criminels de guerre par un tribunal international et traqués comme l'ont été les nazis, pour que leur menace disparaisse. Curieusement, les Nations Unies, pourtant à cheval sur les principes, n'en ont jamais soufflé mot.

Administrativement, le génocide cambodgien n'a jamais existé.

5

AFGHANISTAN
Kaboul, le bain de sang annoncé

Le silence se fit dans le Tupolev 154 dont les trois réacteurs venaient de changer de régime. Par le hublot, j'apercevais les crêtes enneigées des montagnes entourant la cuvette où se trouve Kaboul, capitale de l'Afghanistan, à environ 1 800 mètres d'altitude. L'appareil bleu et blanc de l'Aryana, la compagnie nationale afghane, n'était pas seul dans le ciel d'un azur immaculé. Deux énormes Antonov blancs aux couleurs soviétiques prenaient lentement de l'altitude, montant en cercles réguliers, tout en lâchant d'innombrables leurres pour dévier d'éventuels missiles sol-air tirés par les moudjahidin [1] qui encerclaient la capitale afghane.

Ces leurres — des nuées de papier argenté — donnaient un faux air de comète aux deux gros porteurs soviétiques, qui avaient hâte d'échapper aux éventuels tirs des Stinger [2] tapis sur les crêtes.

Les passagers autour de moi, un mélange hétéroclite de Sikhs et d'Afghans, chargés comme des baudets, scrutaient anxieusement les montagnes, guettant la trace blanche d'un missile. Le Tupolev 154, lui, ne possédait pas de leurres. A côté de moi, un barbu, avec deux cent cinquante œufs posés en équilibre sur ses genoux, semblait particulièrement nerveux.

---

1. Combattants de la Résistance.
2. Missiles sol-air.

Il faut dire qu'après avoir attendu à New Delhi ce vol qui avait un jour de retard, c'eût été idiot de se faire descendre si près du but. En tout cas, l'arrivée sur Kaboul était grandiose, avec la plaine enneigée encerclée par ces monts déchiquetés.

Au centre, Kaboul, presque sans bâtiments modernes, ocre et plat à perte de vue, coupé en deux par l'interminable avenue Marwand. Le bout du monde.

L'avion était bourré et on avait laissé des passagers à Delhi. A part cet unique vol vaguement hebdomadaire et ceux de l'Aeroflot, à partir de Moscou, il n'y avait aucun moyen de rejoindre Kaboul. Depuis des mois, toutes les voies d'accès terrestres étaient interdites par les différents groupes de résistants afghans. Le commandant Massoud, « le lion du Panchir », au nord, tenait la route menant à Mazar-i-Sharif, grande ville proche de la frontière russe ; les intégristes de Gulbuddin Hekmatyar, eux, coupaient les routes du sud, vers le Pakistan et la Khyber Pass.

Il semblait bien qu'on touchait à la fin de l'aventure soviétique en Afghanistan. Jusqu'en 1973, ce pays montagneux un peu plus grand que la France, coincé entre l'Iran à l'ouest, l'URSS au nord et le Pakistan à l'est et au sud, vivait sous la férule d'un souverain passablement rétrograde, Mohammed Zaher Shah. L'Afghanistan, plus qu'une nation, était surtout une juxtaposition de tribus, la plupart Pachtounes ou Hazaras parlant soit le dari, variété du parsi, soit le pachtô. Ses vingt millions d'habitants se répartissaient surtout à l'ouest et au nord. Pas d'industrie, peu de commerce, et Kaboul, la capitale, coupée du monde six mois sur douze à cause de l'hiver. Or, en 1973, le général Mohammed Daoud renversa le roi et prit le pouvoir. Seulement pour cinq ans, car en 1978, il fut tué au cours d'un second coup d'État militaire, exécuté par un certain Mohamad Taraki, président du Parti Populaire Démocratique d'Afghanistan, très lié aux Soviétiques. En 1979, ce fut l'escalade. Taraki fut renversé par son Premier ministre, Hafizullah Amin. Ce qui ne lui porta pas bonheur. Quelques mois plus tard, il était à son tour écarté du pouvoir et tué par un nouveau venu, Babrak Karmal, communiste pur et dur, avec l'aide des troupes soviétiques !

Celles-ci vont désormais occuper le pays, dont une partie se soulève. C'est le début de la guerre de libération, le Djihad, féroce et sans fin, qui va tuer plus d'un million d'Afghans. Le Pakistan vole au secours des résistants qui installent leurs bases arrière à Peshawar, juste au pied de la Khyber Pass, le défilé séparant les deux États. De tous les coins d'Afghanistan, les volontaires affluent. Les Afghans ont toujours été d'excellents combattants. Les Anglais en savent quelque chose, eux qui, au siècle dernier, n'arrivèrent jamais à franchir la Khyber Pass.

En plus, ils sont très religieux. L'invasion des Soviétiques athées, les Chouravis [1], en dari, les déchaînent. C'est le Djihad, la guerre sainte de tout bon musulman !

Et les Soviétiques perdent du terrain jour après jour, en partie grâce aux fournitures d'armes massives dont bénéficient les moudjahidin. Entre autres les fameux missiles sol-air Stinger qui clouent au sol l'aviation soviétique.

En un an, plus de sept cents appareils, avions et hélicoptères sont abattus. Peu à peu, tout le pays, sauf les grands centres comme Kaboul, Djalalabad, Mazar-i-Sharif, Kandahar, est aux mains de la Résistance qui encercle les agglomérations, coupe les routes et désorganise le pays. Finalement, le 14 avril 1988, les gouvernements d'Afghanistan, du Pakistan, des États-Unis et d'Union Soviétique signent un pacte qui prévoit le retrait total des troupes soviétiques d'Afghanistan, la moitié au 15 août 1988, et le restant le 15 février 1989.

Entre-temps, le Khad [2] aura torturé et assassiné plus de 40 000 personnes.

Lorsque j'arrive à Kaboul, les derniers Soviétiques sont

1. Les Russes, dans la langue dari.
2. Police secrète.

131

partis depuis deux jours. L'opinion internationale s'attend à ce que Najibullah, privé de son soutien soviétique, s'effondre rapidement, submergé par les moudjahidin des différentes tendances qui encerclent la capitale, à une dizaine de kilomètres.

Étant donné la nature des Afghans, on peut prévoir un bain de sang.

Nous survolons un énorme camp militaire et le Tupolev 154 se pose sur l'aéroport, vierge d'appareils civils. Des hélicos et des appareils militaires, en revanche, sont alignés à perte de vue. L'aérogare ne paie pas de mine, balayée par un vent glacial, sans même un bureau d'accueil. Les vitres sont barbouillées de peinture afin qu'on ne puisse pas apercevoir la flotte garée à l'extérieur. Les contrôles sont inexistants, exercés par des militaires en guenilles, visiblement nerveux. Il faut aller chercher ses bagages soi-même, sous le regard vigilant d'agents du Khad, dépenaillés, aux yeux bleus, qui semblent croire que le monde entier parle russe...

Un énorme périmètre de sécurité entoure l'aérogare et il faut parcourir près d'un kilomètre à pied dans la neige en portant ses affaires, avant de trouver un taxi.

Le chauffeur barbu d'une vieille Volga s'empare de ma valise et me lance :

— Intercontinental ?

En faisant le tour de la Volga, j'aperçois un gros autocollant Toyota plaqué sur le pare-chocs ! Où va se nicher le snobisme !...

L'ancien hôtel Intercontinental, abandonné par la chaîne américaine, est devenu le seul endroit vivable de Kaboul, refuge de tous les journalistes. L'autre établissement, en pleine ville, le Kabul Hotel, est tellement spartiate que même les Soviétiques le boudaient : pas de chauffage, des chambres immenses et glaciales, pas de service, pas de standard téléphonique et la proximité dangereuse, à cause des roquettes, de la présidence et du ministère de l'Intérieur.

A peine avons-nous accompli deux kilomètres vers la ville qu'une explosion sourde suivie d'un panache de fumée grise s'élève du centre de la ville. Le chauffeur de taxi se retourne avec un large sourire.

— Moudjahid !, lance-t-il.

Depuis des semaines, les résistants afghans bombardent Kaboul un peu au hasard, avec des roquettes de 122 millimètres, portant à une dizaine de kilomètres. Postés sur les hauteurs, cachés dans des grottes, ils enserrent la capitale sans que l'armée régulière, soutenue par les Soviétiques, arrive à éliminer cette menace en les repoussant au-delà des crêtes. En effet, pour protéger les lanceurs de roquettes, il y a des missiles sol-air Stinger fournis par les Américains et même les hélicoptères lourds M.16 n'osent pas s'y risquer.

Bien que ces roquettes fassent de nombreuses victimes dans la population civile, les habitants de Kaboul les voient arriver avec une sorte de jubilation, car la proximité des résistants semble annoncer un assaut imminent.

De nouveau, mon chauffeur se retourne et fait un geste de la main, comme s'il chassait une mouche invisible :

— Chouravis !

Apparemment, il ne les regrette pas... Les troupes soviétiques viennent de quitter définitivement Kaboul, rembarquant dans les Antonov jusqu'au dernier, après une parade impeccable sur le tarmac de l'aéroport. C'est la fin de dix ans d'occupation, après l'intervention armée de 1979 pour venir en aide au président Babrak Karmal, passé depuis aux oubliettes de l'Histoire. Au fil des ans, et grâce aux livraisons de Stinger, les positions des Soviétiques se sont effilochées au profit des différents mouvements de résistance.

Dégoûtés, les Soviétiques viennent de jeter le gant, abandonnant leur vieil allié, le président Najibullah, retranché dans Kaboul. Les gouvernementaux tiennent encore quelques villes comme Kandahar et Mazar-i-Sharif, mais leur situation semble désespérée à Kaboul, encerclé, d'après les états-majors des résistants à Peshawar, par trente mille moudjahidin armés jusqu'aux dents. A ces hommes, Najibullah ne peut opposer que ses troupes régulières plutôt démoralisées et le redoutable Khad, la police secrète du régime, accusée de 40 000 meurtres.

Najibullah, lui-même, a dirigé cette police secrète jusqu'en 1985, ce qui en fait un des hommes les plus haïs d'Afghanistan. Et personne n'imagine que Kaboul puisse s'en sortir en vainqueur.

Bizarrement, quelques jours plus tôt, le gouvernement Najibullah qui n'acceptait d'habitude que les journalistes communistes, donc sûrs, a battu le rappel de toute la presse mondiale, distribuant des visas d'entrée en Afghanistan à la pelle. C'est-à-dire, en fait, des visas pour Kaboul totalement isolé... Tout le monde est persuadé qu'on va vivre les derniers jours du régime de Najibullah et que son règne va se terminer dans le sang.

Son invitation tous azimuts n'a, semble-t-il, d'autre raison que de se préserver partiellement par la présence de témoins. Il se dit que sous le regard de la presse internationale, les moudjahidin massacreront un peu moins...

Moi-même, à Delhi, je trépignais devant le retard de l'unique vol de l'Aryana, craignant d'arriver après la prise de Kaboul.

Mon taxi s'engage dans une immense avenue rectiligne, filant vers le sud-ouest. Peu de véhicules. Un blindé léger est en position devant la grille de l'ambassade américaine, abandonnée par ses diplomates, comme la plupart des ambassades de Kaboul. Au départ des Soviétiques, tous ont plié bagages, afin d'exprimer leurs réserves envers le gouvernement Najibullah imposé par les Soviétiques certes, mais qui n'a aucune existence légale aux yeux du monde. Chacun pense que faute de soutien populaire, il devrait s'effondrer rapidement.

Le chauffeur ralentit : un check-point militaire filtre les véhicules venant de la périphérie suspectés d'amener des moudjahidin en ville. Un char T-62 est en train de le contourner, se dirigeant vers nous. Il nous croise et je vois que son équipage se compose de civils, pas rasés, patibulaires, en blouson de cuir.

— Khad !, murmure mon chauffeur, avec un geste expressif, passant lentement son pouce sur sa gorge.

J'apprendrai le lendemain que Najibullah, peu sûr de son armée, envoie au contact avec les moudjahidin qui tiennent les routes, à une vingtaine de kilomètres de Kaboul, les hommes du Khad, peu enclins à déserter. Eux se font découper vivants quand les moudjahidin s'en emparent...

Nous repartons. La ville semble calme, avec beaucoup de piétons, le pacol[1] ou le turban enfoncé jusqu'aux oreilles, une couverture sur les épaules à cause du froid, par-dessus la chemise descendant jusqu'aux genoux, les chandails enfilés les uns sur les autres et le charouar, le pantalon bouffant traditionnel. Les plus riches portent des poustines[2].

Pas mal de femmes aussi, silhouettes verdâtres enveloppées dans des chadris[3] les recouvrant de la tête aux pieds, avec juste une grille en tissu pour permettre la vision.

Kaboul n'a guère changé depuis mon dernier passage, quinze ans plus tôt. Des maisons en terre, entrelardées de rares immeubles modernes. De grandes avenues se coupant à angle droit, immenses, bordées d'une maigre végétation rongée par le gel, sans magasins, et, la plupart du temps, sans nom. Comme si la ville avait grandi trop vite. Les terrains non construits succèdent aux propriétés abandonnées, puis aux blocs cubiques, staliniens, abritant les administrations. Seul, le centre, avec le bazar Tchar-Tchatta et la Kabul River ont un peu de charme. Plus

---

1. Coiffure afghane.
2. Veste en mouton retourné.
3. Toile enveloppant une femme des pieds à la tête.

nous approchons, plus les soldats sont visibles, avec des tanks embusqués à presque tous les carrefours.

Autour du bazar, une foule grouillante déambule sur la chaussée et les trottoirs. Des centaines de boutiques offrent un bric-à-brac inouï, relayées par des éventaires posés à même le sol. Même les alentours de la mosquée Pule Khesti sont pleins de marchands. J'aperçois une queue devant une minuscule échoppe : une boulangerie fabriquant des nans, délicieuses galettes de froment.

Une explosion sourde, de nouveau, pas très loin. Personne ne bronche : la guerre est à la fois très présente et comme abstraite. Depuis le début, les combats ont fait un million de morts, alors les Afghans sont blasés.

Nous repartons vers l'est. L'Intercontinental se trouve sur les collines séparant le centre de l'est de la ville, au sommet d'un raidillon gardé par une automitrailleuse. Le portier, chamarré comme un amiral, semble ravi de voir un nouveau client. C'est un des rares hôtels du monde où il n'y a vraiment pas besoin de réservation. Seuls quelques journalistes y campent en attendant l'apocalypse annoncée.

Dès la nuit tombée, des coups de feu commencent à claquer partout. Impossible de savoir qui tire sur qui... De toute façon, le couvre-feu, à partir de neuf heures du soir, n'incite pas à commettre d'imprudences. Les soldats de Najibullah sont si nerveux qu'ils tirent même sur leur ombre. Encore quelques tirs de roquettes, puis c'est le silence.

Le lendemain, le bain de sang n'a toujours pas débuté.

En ville, il y a des chars russes partout, des T-62 surtout. Ce sont bien les seuls véhicules soviétiques à demeurer à Kaboul. Les vieilles Volga, hautes sur pattes, ont presque entièrement disparu, laissant la place à des Toyota ou des Peugeot, arrivées là on ne sait par quel miracle. En descendant vers le sud de la ville avec le taxi de la veille qui m'a adopté, je me heurte à un énorme convoi militaire, des chars T-62, des camions, des Jeep russes hérissées de mitrailleuses. Les hommes ont l'air fourbu. Par l'intermédiaire de mon chauffeur-interprète, je leur demande :

— Où allez-vous ?

— A Djalalabad, disent-ils, renforcer nos camarades.

Donc, la route de Djalalabad n'est pas vraiment coupée comme le prétendent les moudjahidin. Du moins pour les convois militaires. Deux Mig-21 passent en grondant très bas, filant eux aussi, vers le sud. Quand le convoi démarre, je veux le suivre, mais un officier s'y oppose en m'expliquant en mauvais anglais :

— No good, many extremists in the mountains. [1]

Dans la langue de bois « najibulienne », les moudjahidin s'appellent les « Pakistan-backed criminal extremists » [2].

Déçus de ne pouvoir sortir de Kaboul, nous allons explorer les alentours de l'aéroport. Et là, je suis stupéfait de voir la quantité de matériel militaire abandonnée par les Russes ! Des centaines de camions, des chars alignés comme à la parade, de l'artillerie, lourde et légère, des transports de troupes blindés, des hélicoptères énormes et verdâtres, des M.15 puissamment armés. Il y en a sur des kilomètres, à peine gardés. C'est à ce moment que je réalise que le bain de sang n'est peut-être pas pour demain. Certes, on sait que les moudjahidin se battent bien, mais ils ne possèdent ni aviation, ni hélicoptères, ni artillerie lourde, ni blindés. Or, les alentours de Kaboul sont plats comme la main. Lancer des fantassins à l'assaut contre des défenses organisées, riches en munitions, ce serait du suicide.

Boum ! Une explosion dans le centre, suivie de l'inévitable panache de fumée. Mon chauffeur ne tient plus en place. Nous y allons. La roquette a touché une boulangerie dans Kharabat Street, non loin du ministère de l'Intérieur. Les ambulances ont déjà emporté les cinq morts dont deux

1. Il ne faut pas, beaucoup d'extrémistes dans les montagnes.
2. Extrémistes criminels soutenus par le Pakistan.

enfants. Les gens ne se plaignent pas. Mon taxi me glisse à l'oreille :

— No moudjahidin ! Khad.

Certains habitants de Kaboul sont persuadés que les roquettes, qui tuent des gens tous les jours, sont tirées par des hommes du Khad, pour dresser la population contre la Résistance. Impossible à vérifier, mais peu probable. D'ailleurs, à part les roquettes, pour l'instant, c'est surtout la guerre de la propagande qui fait rage. Le « Kabul Times », en anglais, fustige tous les jours — ou du moins lorsqu'il paraît — les « Pakistan-backed criminal extremists », et détaille complaisamment leurs exactions réelles ou supposées. Tous les vendredis, il y a une grande photo de Najibullah se rendant à la mosquée entouré d'une nuée de gardes du corps. Plutôt comique quand on sait que son parti, le PDPA[1], était résolument marxiste et athée lorsqu'il a été fondé. Seulement, entre-temps, les mouchards du Khad lui ont appris que les Afghans continuaient à être profondément religieux.

Très vite, on se sent étouffer dans cette ville plate et sans grâce où rien ne se passe. A part les explosions irrégulières des roquettes et le hurlement d'un Mig qui décolle. Tout le monde attend les moudjahidin. Certains avec terreur, d'autres avec une jubilation qu'ils ne cherchent même plus à dissimuler.

C'est « le Désert des Tartares ».

Le cercle des montagnes semble figé. Dans le centre, la vie continue comme à l'ordinaire. Les soldats font du thé, accroupis devant leurs chars. Impossible de communiquer avec l'extérieur. Pas de téléphone, pas de courrier, quelques rares liaisons par satellites pour les gens de la télé. Et partout, la présence obsédante des indics du Khad qui sont bien ennuyés de voir tous ces journalistes. Le propre frère de Najibullah a été enrôlé dans l'appareil de la propagande. Il trône dans le hall de l'Intercontinental, parfaite-

1. Parti démocratique populaire afghan.

ment ignoble, promettant des interviews avec son frère, le président, qui ne se matérialisent jamais, égrenant de fausses nouvelles avec une patience qui se dément rarement, nous exhortant à constater de visu que la ville est calme, que les « Pakistan-backed criminal extremists » sont très loin dans les montagnes.

Une foule de journalistes, piégés, tournent en rond. Une équipe de TF 1 parvient à partir avec un petit détachement de chars du Khad. Des T-62 avec un équipage civil. Vingt kilomètres sans rien voir, puis un accrochage violent. Les T-62 reculent devant les RGP7 [1] des moudjahidin. Ensuite, chacun reprend ses positions. Il paraît que des scènes semblables se reproduisent des dizaines de fois par jour.

Mais on n'a aucun écho de tout cela en ville, rien.

Je finis par convaincre mon chauffeur de sortir, d'aller le plus loin possible sur la route de Djalalabad. Vingt dollars. C'est d'accord. La route est droite, monotone, se perd dans l'horizon montagneux. Peu à peu, je comprends pourquoi il ne se passe rien en ville. Les alentours de Kaboul sont aménagés en zone de défense profonde. Tous les cent mètres, il y a un blockhaus de terre et de rondins renforcé de chars, avec des canons, des mitrailleuses et pléthore de soldats qui, même mal vêtus, sont redoutablement armés. Beaucoup d'armes antichars et surtout, des dizaines de T-62 avec leur long tube.

Sans parler des réseaux de barbelés et des champs de mines invisibles. Pour parvenir aux faubourgs de Kaboul, les moudjahidin auraient à parcourir ce glacis mortel sur une dizaine de kilomètres de profondeur. Sans appui d'armes lourdes, c'est impossible. Tant que l'armée de Najibullah ne mettra pas la crosse en l'air, Kaboul ne tombera pas.

Nous arrivons aux gorges de Bagrani. La route s'enfonce

1. Lance-roquettes portables.

dans les méandres d'un défilé rocailleux. Un check-point nous stoppe. Impossible d'aller plus loin. Le sous-officier nous montre la carcasse d'un transport de troupes échouée sur le bord de la route, avec un grand trou dans le flanc. Sans commentaire. Nous sommes à la limite de l'Afghanistan légal. Il faut repartir sur Kaboul.

Le ciel est toujours d'un bleu immaculé, troublé seulement par les Antonov et les Iliouchine de l'armée de l'air soviétique qui ont établi un pont aérien gigantesque pour ravitailler Najibullah, car, décidément, le parcours terrestre s'avère trop dangereux. Une quarantaine d'appareils arrivent tous les jours des bases d'Asie Centrale, bourrés de munitions.

Tout à coup, spectacle anachronique, un convoi de chameaux bloqué à un check-point. Une trentaine de bêtes chargées de ballots. Ça vaut la peine de s'arrêter. Discussion grâce au chauffeur et stupéfaction. Ils viennent du Pakistan ! A quatre cents kilomètres de là, à travers un pays en guerre et des barrages divers tous les dix kilomètres... Ils transportent de la nourriture, des tissus.

Après vingt minutes de palabres et le « don » d'un demi-ballot aux soldats, les chameaux repartent de leur pas lent vers Kaboul.

Cela me donne envie d'aller au bazar. En Orient, c'est toujours là qu'on sent le pouls d'une ville. Mon chauffeur est ravi. Il me souffle à l'oreille :

— Moudjahidin... Bazar...

D'après la rumeur publique, des centaines de combattants se sont infiltrés dans le bazar et n'attendent qu'un signal pour se soulever. Il est certain que rien ne ressemble plus à un moudjahid qu'un combattant afghan gouvernemental... Même pacol, mêmes armes, même barbe noire.

Place Marwand, en face de la mosquée, s'ouvre une des entrées du bazar. Des dizaines de chapskas en astrakan ou en vison sont accrochées aux grilles du jardin alentour. Vendues moins cher que n'importe où ailleurs dans le monde. Une chapska en vison : trente dollars. Les Russes sont partis et il n'y a plus de pouvoir d'achat. Les Afghans ne portent pas de chapskas.

La cohue ressemble à celle de Peshawar. A part les soldats qui patrouillent, Kalachnikov à l'épaule, et les restes d'une voiture piégée qui a explosé deux semaines plus tôt, faisant une trentaine de morts, tout respire la paix. Accroupis sur le trottoir, les marchands de vieux uniformes soviétiques rameutent le client à grands cris. Pour une somme ridicule, on peut s'équiper en colonel de l'armée soviétique, décorations comprises. L'odeur forte des brochettes flotte, tenace. Cela sent le pétrole, les épices et la graisse trop cuite. Un jeune homme vend du sucre au morceau. C'est une des denrées introuvables à Kaboul, pourtant grand consommateur de thé. Un étal d'oranges superbes, inattendues.

— D'où viennent-elles ?

— De Kandahar, m'explique le marchand. C'est pour cela qu'elles sont chères ; il faut sortir de l'argent à tous les barrages des moudjahidin.

Finalement, le fameux blocus n'est qu'une fable. Kaboul est parfaitement ravitaillé en nourriture. Simplement, elle est coûteuse, mais les résistants laissent tout passer, à condition de payer la dîme. Nous sommes en Orient. La famine n'est pas encore pour demain...

Je m'enfonce dans le bazar avec une certaine appréhension. Des dizaines de Chouravis y ont été assassinés durant l'occupation. Un coup de poignard et le corps disparaît dans l'enchevêtrement des ruelles. Sur un kilomètre carré, c'est un véritable labyrinthe de voies tortueuses et étroites où on vend de tout. Les échoppes de semoule, d'épices, de vêtements sont serrées les unes contre les autres, situées au rez-de-chaussée de vieilles maisons de bois, prêtes à s'écrouler, ornées parfois de balcons sculptés et encombrés d'un invraisemblable bric-à-brac. Emmitouflés dans plusieurs épaisseurs de loques, les marchands attendent le client, stoïques dans le froid glacial.

Une patrouille de soldats, guère mieux habillés, se

faufile dans la foule, le doigt sur la détente. Sur leur passage, certains crachent. Ils font semblant de ne pas voir.

Un Afghan me tire par la manche avec insistance.

— Money Market ! Come.

Cinq minutes plus tard, après avoir longé une ruelle si étroite qu'on y passe tout juste de face, je débouche dans une vraie cour des Miracles. Un espace en terre battue, entouré de deux étages de galeries en bois, croulantes. Des dizaines de barbus, en turban ou en pacol, échangent des propos mystérieux à voix basse, avec des airs de conspirateurs. Dans un coin, un gosse, accroupi, compte des liasses d'afghanis avec une rapidité de prestidigitateur. On repère vite l'étranger que je suis et un Sikh en turban rouge et aux yeux globuleux colle ses grosses lèvres à mon oreille en murmurant :

— Dollars... dollars...

C'est le mot magique, repris en chœur par les enturbannés vêtus d'incroyables oripeaux, des sacs bourrés de tas de billets accrochés à l'épaule.

Le Sikh est bousculé par un Afghan, farouche comme un guerrier de Joseph Kessel, qui me lance d'une voix suppliante, comme s'il s'agissait de sauver son enfant :

— Sir, 220 ! No commission ! Come.

Il m'entraîne dans une des échoppes qui ressemble à toutes les autres. Une banquette, un tapis usé jusqu'à la corde, une table avec une calculette et un gros coffre dans un coin. Une Kalachnikov posée dans un angle rappelle que les voleurs ne sont pas les bienvenus. Tout le monde est armé. Mon barbu commence par me demander ce que je veux changer. Peu à peu, je découvre qu'il accepte toutes les devises, même les roupies indiennes, à l'exception des roubles. Interdit par le Khad dont les mouchards rôdent partout. Même les chèques en francs sont les bienvenus.

En tout cas, c'est une nouvelle brèche dans le blocus. L'argent circule librement dans Kaboul, même la monnaie du Pakistan, ennemi juré du gouvernement. La vie écono-

mique de l'Afghanistan passe par ces boutiques qui possèdent des réseaux clandestins jusqu'en Inde et au Pakistan,
se jouant de toutes les frontières. Comme ils rendent
service à tout le monde...

Mon Afghan compte des billets pendant qu'un cireur
s'attaque à mes chaussures et qu'on m'offre un thé sans
sucre.

— Les moudjahidin vont prendre Kaboul ?

Ma question fait sourire le changeur. Il va chercher un
morceau de sucre dans son coffre pour le mettre dans ma
tasse et laisse tomber d'une façon définitive :

— No Sir, not now [1].

— Comment le savez-vous ?

Nouveau sourire, puis il me glisse :

— Aujourd'hui, on a 220 afghanis pour un dollar.
Quand on vous en offrira 350, ils ne seront pas loin.

En réalité, l'afghani, monnaie officielle de Najibullah,
vaut quatre fois plus. Effectivement, si le gouvernement
disparaît, sa valeur dégringolera.

Quand je quitte le bazar, j'ai enfin une information digne
de foi. Il suffit de venir tous les jours au « Money Market »
pour connaître la situation militaire, sans les mensonges de
la propagande et les exagérations des promoudjahidin...

On dit qu'ici un million de dollars change de mains tous
les jours. Les commerçants ne gardent pas leurs afghanis.
Mais comment les dollars arrivent-ils jusqu'à Kaboul
assiégé, cerné, isolé ?

En repartant, je croise de nombreuses femmes voilées. Il
paraît qu'elles servent souvent de messagères pour les
moudjahidin. Leurs longs chadris jaunâtres, verts ou
rouges, leur donnent l'air de fantômes.

Je retrouve mon chauffeur en train d'engueuler un
policier en bleu qui vient de dégonfler le pneu d'une
voiture en stationnement. Ici, cela remplace la contraven-
tion.

1. Non monsieur, pas encore.

On repart vers l'hôtel Intercontinental. Khaled, le chauffeur, semble très excité. Il m'explique, dans son anglais cahotique, que son frère a rejoint les moudjahidin du Logar et me demande si je veux avoir un contact avec la Résistance.

Il y a une chance sur deux qu'il travaille pour le Khad. Mais j'accepte.

De nouveau, nous sommes descendus en ville. La nuit n'a été troublée que par quatre roquettes. Le front ne bouge toujours pas. Khaled m'amène dans Chicken Street, pas loin du ministère de l'Intérieur, dans le centre. L'ancienne rue des hippies. Maintenant, ils sont partis et il n'y a plus que des épiceries et des marchands de tapis.

On débarque chez l'un d'entre eux. Long conciliabule avec le chauffeur. Thé sans sucre. Un guetteur devant la porte. On fait semblant de discuter des tapis. Enfin, un homme surgit, semblable à tous les autres Afghans, avec son pacol[1] et sa longue camiz[2]. Il s'assoit en face de moi. Il ne parle pas anglais. Ses yeux brillent beaucoup, il est nerveux. Sous les plis de son charouar, je devine la forme d'un pistolet.

Arrive un second. Celui-là parle anglais. Il se présente : Sélim. Il comprend même un peu ma langue. Il était étudiant au lycée français. Je remarque alors que l'homme déjà installé a la main droite mutilée. Deux de ses premières phalanges, l'index et le majeur, manquent. Comme amputées au rasoir. Suivant mon regard, son copain commence à parler à voix basse, avec volubilité :

— C'est le travail du Khad, explique-t-il. Wassé était steward sur l'Aryana. Quand les Chouravis ont envahi l'Afghanistan, il s'est retrouvé dans un groupe de résis-

1. Coiffure plate afghane.
2. Sorte de tunique

tance, avec d'autres amis. Nos cousins se battaient dans le Wardak. Un jour, l'un d'eux a pu lui faire parvenir un paquet de tracts antisoviétiques, imprimés à Peshawar. Ce que nous appelions des « shabnameh », des lettres de nuit. Il les a distribuées dans le bazar. Les mouchards du Khad l'ont repéré et arrêté. Il a été conduit à la villa de Waril Akbar Khan, un riche marchand enfui de Kaboul, transformée en centre d'interrogatoire clandestin. On l'a battu, passé à l'électricité, on allait le tuer. Des pilotes, qu'il connaissait, ont intercédé en sa faveur. Alors, le Khad a décidé de le libérer, sans même l'avoir jugé, bien sûr. Seulement, le chef lui a dit qu'il fallait lui donner une leçon.

Avant de le relâcher, on lui a mis la main à plat sur une table et on lui a tranché deux doigts avec un massicot d'imprimerie.

Quand il a repris connaissance, il se trouvait à l'hôpital de Share Now. Officiellement, il avait été blessé dans le bazar en désamorçant une bombe posée par les moudjahidin...

Difficile de douter de cette histoire. Cela sonne vrai. Wassé continue à parler, traduit aussitôt par un copain, comme un automate. On sent qu'il ne peut plus se contenir.

— J'ai vu des horreurs dans ce centre d'interrogatoire, explique-t-il. Ils voulaient faire avouer l'emplacement d'une cache d'armes à un moudjahid. Il refusait de parler, en dépit de la torture. Alors, un des questionneurs a pris une petite cuillère aux bords aiguisés et lui a arraché les yeux. Il hurlait comme un fou. Après, comme il ne parlait toujours pas, ils lui ont tiré une balle dans la tête et ils ont laissé le corps dans le couloir deux jours, pour avertir ceux qu'on amenait...

Un marchand du bazar est aussi mort pendant que j'étais là. Il transmettait des messages aux moudjahidin. Lui, ils ne voulaient même pas de ses aveux : ils savaient tout. Alors, après l'avoir battu, ils lui ont plongé la tête dans un grand sac de semoule pour l'étouffer. Comme il respirait encore, ils l'ont étranglé avec son turban...

Les visages souriants des officiels côtoyés tous les jours à l'Intercontinental, pleins de propos lénifiants, se pulvérisent. Ce que je découvre, c'est le vrai visage du gouvernement Najibullah.

— Avez-vous entendu parlé de Pul-i-Charki ?, demande le copain de Wassé.

— Bien sûr.

Pul-i-charki, c'est la grande prison de Kaboul, à la réputation terrifiante. Elle se trouve loin à l'extérieur, juste avant les gorges de Bagrani. Une disposition étrange, avec seize bâtiments en rayons de bicyclette au milieu d'une grande cour, elle-même ceinte d'un haut mur. On dit que des dizaines de milliers d'opposants politiques y ont été torturés et assassinés par le Khad. Jacques Abouchar, le journaliste français, y a été détenu quelque temps, après avoir été arrêté par les troupes régulières, alors qu'il se trouvait avec des moudjahidin.

— Voulez-vous rencontrer quelqu'un qui en sort ? Il vous dira des choses intéressantes.

Nous prenons rendez-vous pour le surlendemain, au même endroit. Avant de partir, le propriétaire de la boutique me force pratiquement à lui acheter un tapis, afin, me dit-il, de tromper les mouchards du Khad qui traînent dans Chicken Street. Louable intention. Chez les Afghans, le sens du commerce ne disparaît jamais complètement. Sans doute pour compenser, Sélim, le copain de Wassé, me mène jusqu'à une épicerie voisine. Le réfrigérateur est bourré de petites boîtes de caviar russe sevruga. Je repars avec un vrai stock, vendu au prix du pâté de foie en France.

Il paraît que je peux revenir quand je veux. Ça va améliorer l'ordinaire de l'Intercontinental...

En sortant de Chicken Street, je décide d'aller voir le centre de torture. Au moins de l'extérieur. Le chauffeur n'est pas chaud, mais finit par s'y résigner. C'est à côté de l'ambassade soviétique, avenue Darulaman. Soudain, au coin de l'avenue Marwand, un membre de la sarandoi [1],

---

1. Gendarmerie.

debout au milieu de la chaussée, bloque la circulation. Mon chauffeur pile, en s'exclamant :

— Problem!, avec l'accent russe.

Des Mercedes noires surgissent soudain d'un chemin de traverse longeant le stade Pule Mahmoud Khan, tournant à gauche dans l'avenue Chaman. Un camion militaire arrive à son tour, s'arrête, pointant l'affût quadruple de ses mitrailleuses lourdes sur les voitures bloquées, dont la nôtre... Les Mercedes continuent à jaillir comme dans une pub, hérissées d'antennes et sans plaque.

Ensuite, ce sont des Volga, noires également, puis trois Range Rover remplies d'hommes en armes.

Le convoi disparaît dans un grondement assourdissant, le gendarme se subtilise et la vie reprend son cours.

— Président Najibullah, commente sobrement le chauffeur.

Après ce que j'ai entendu, cela fait froid dans le dos... Nous continuons, descendant l'avenue Darulaman qui se termine par une sorte de château fort baroque abritant le ministère de la Défense.

Sur la gauche, se dressent trois bâtiments jaunâtres aux toits plats couverts d'antennes. Le Q.G. du Khad. Deux chars légers en gardent l'entrée. Mon chauffeur accélère, peu rassuré.

A peine sommes-nous revenus à l'Intercontinental qu'un des « press officers » de la présidence me bondit dessus.

— Est-ce que vous aimeriez rencontrer un « rallié », propose-t-il ? Un grand chef de guerre qui vient de rejoindre le président Najibullah avec ses six mille hommes. Ils défendent Djalalabad.

En Afghanistan, les ralliements ont toujours été monnaie courante. Comme je l'ai déjà signalé, plus qu'une nation, l'Afghanistan ressemble plutôt à une juxtaposition de tribus, toutes plus guerrières les unes que les autres, appartenant soit à l'ethnie pachtoune, soit aux Daris ou aux Hazaras. Tous changent facilement de camp, au gré de leur intérêt. On raconte, en ce moment, à Kaboul, que si le commandant Massoud, « le Lion du Panchir » comme disent les Afghans, n'attaque pas Kaboul, c'est parce qu'il n'arrive pas à se mettre d'accord avec Gulbuddin Hekmatyar sur le partage de la ville. Or, séparément, ils ne sont pas assez forts pour la prendre...

Seulement l'un, Massoud, est modéré, l'autre, Hekmatyar, carrément extrémiste, fondamentaliste convaincu et jusqu'au-boutiste. Après avoir été gavé d'armes par les Américains, via les Services spéciaux pakistanais, ce qui lui a donné un poids sans mesure avec l'importance de ses troupes, il a annoncé que son premier geste en arrivant à Kaboul serait de raser l'ambassade américaine.

Ensuite, il imposerait la Charia [1], interdirait l'alcool, couperait la main aux voleurs et la tête de tous ceux qu'il n'estime pas assez imprégnés de la foi islamique.

— De qui s'agit-il ?, demandé-je.

— Du maréchal Sélim Khan, le chef de la tribu des Achakzay. Il vous attend demain à deux heures. Votre chauffeur sait sûrement où il habite, c'est à Share Now.

Lorsque je mentionne cette visite à Khaled, mon chauffeur, il fait la moue. Apparemment, Sélim Khan n'est pas son héros favori...

Le lendemain, nous débarquons chez le maréchal. Une énorme villa entourée de murs, haute de trois étages. Devant, un baraquement, poste de garde improvisé. L'odeur lourde et âcre du haschisch me prend à la gorge dès que j'y pénètre. A travers la fumée bleuâtre, je distingue une panoplie de Kalachnikov trafiquées, accrochées au mur au-dessus d'une demi-douzaine de moustachus patibulaires, vautrés sur des banquettes ou occupés à jouer aux cartes. Un colosse au regard vitreux, bandé de cartouchières, vient m'accueillir.

— J'ai rendez-vous avec Sélim Khan, annoncé-je.

1. Loi islamique.

Il hoche la tête, ne semblant pas comprendre l'anglais ou trop imprégné de haschisch. Mais il disparaît vers l'intérieur, revient quelques instants plus tard et me fait signe de le suivre. Nous traversons un jardin gelé avant de pénétrer dans un living donnant sur une salle à manger de fort mauvais goût. Une mitrailleuse légère, bande engagée, remplace l'habituelle soupière au centre de la table. Le géant m'indique un canapé et, avant de me quitter, fouille dans sa poche et me tend quelque chose de jaunâtre, comme on offre un chewing-gum : un morceau de haschisch.

Trente secondes plus tard, un personnage étrange pénètre dans la pièce. Un petit barbu hirsute, pieds nus, avec une frange qui lui mange le front, mais qui laisse entrevoir un regard illuminé. Il serre contre son cœur une « Kalach » raccourcie avec un énorme chargeur orange. Il m'ignore et s'assoit à côté de la porte, comme un chien de garde.

Trois minutes plus tard, une violente déflagration fait trembler les murs. Une roquette qui n'est pas tombée loin. Le petit barbu saute comme un ressort, lançant des grognements inarticulés, furibonds, l'expression encore plus hallucinée. Tout en braquant ses yeux sur moi, il agite les mains d'une façon très particulière.

C'est un sourd-muet !

Je ne suis pas encore revenu de ma surprise qu'un autre homme fait irruption dans la pièce, vêtu d'un costume étriqué, maigre, le menton absent, l'air d'un traître de comédie, les cheveux blancs ondulés. Il me salue avec une onction toute ecclésiastique et annonce en anglais :

— Je suis interprète du Maréchal. Il fait appel à moi pour chaque distingué visiteur...

La porte s'ouvre une nouvelle fois. Le petit Pachtoun sourd-muet bondit sur ses pieds et l'interprète se casse en deux, lâchant d'une voix bredouillante d'admiration :

— Le Maréchal !

Au premier regard, je réalise que le maréchal, le roi des « alliés », est beurré comme un petit Lu. La main droite levée, l'index et le majeur en V, signe emprunté à feu

149

Winston Churchill, l'œil injecté de sang sur fond de brume, flottant dans une camiz d'un gris sinistre et descendant jusqu'aux genoux, il fait quelques pas d'une démarche instable avant de s'effondrer dans un fauteuil, visiblement prêt à se rendormir.

— Où le Maréchal a-t-il fait ses études ?, demandé-je, pour entamer la conversation.

Traduction, réponse embrouillée et longue, retraduction.

— Le père du Maréchal était aide de camp du roi. Comme beaucoup de jeunes Afghans, il a fait ses études d'ingénieur en Union Soviétique. C'est un ami d'enfance du président Najibullah qui vient souvent lui rendre visite.

Au nom de « Najibullah », le maréchal éclate d'un grand rire. Aussitôt, le sourd-muet émet des grognements terrifiants. Le maréchal reprend la parole.

— Le Maréchal désire que vous déjeuniez avec lui, explique l'interprète. Il va se mettre en uniforme ; en attendant, je vais vous faire visiter la maison.

C'est immense, des pièces souvent meublées uniquement de tapis, une salle de bal, une serre avec des plantes vertes, un énorme chenil. Les combats de chiens sont très prisés à Kaboul. Quand nous revenons, la table est dressée, regorgeant de nourriture : du palau[1], et un plat rempli de caviar, entouré de salades, d'œufs, de morceaux de viande. Le maréchal étale une demi-livre de caviar sur un nan... Il me montre du doigt le sourd-muet.

— Gulgulab !

Ce dernier se contente d'un peu de riz qu'il prend avec ses doigts, arrosé de thé. Il vient près de moi et me caresse la tête avec des grognements affectueux. Je me suis fait un ami. Rapide dialogue. L'interprète annonce :

— Gulgulab est le plus fidèle garde du Maréchal. Il aime tuer ses ennemis et en a tué beaucoup...

---

1. Plat typique à base de riz.

Nous sommes au Moyen Âge, pas dans la seconde partie du xxᵉ siècle.

A la fin du repas, quatre femmes débarquent : deux Afghanes, une Indienne, une Pakistanaise. Les épouses du maréchal. Maquillées comme des putes de Bombay, vêtues d'étranges tenues, à la fois sexy et désuètes, avec beaucoup de voiles, de dentelles, les yeux soulignés de kôhl. Elles fument d'énormes pétards de haschisch. Nouvelle visite de la maison, avec les chambres des épouses. Une « Kalach » est posée sur le lit de l'une d'entre elles. Toutes les quatre paraissent vivre en parfaite intelligence... Je voudrais revenir à la politique. On retourne au salon et le maréchal désigne un buste de Dzerjinski, le fondateur de la Tchéka[1], en expliquant que c'est son idole... Étranges affinités.

J'arrive enfin à lui demander pourquoi il s'est rallié.

— A cause de Gulbuddin Hekmatyar, explique l'interprète. Il a massacré les hommes du Maréchal.

Au nom de Hekmatyar, Gulgulab montre les crocs et gronde comme un bulldog enragé. L'interprète m'explique que les hommes du maréchal combattent courageusement à Djalalabad et qu'il va bientôt les rejoindre. Il est à Kaboul dans le seul but de récolter de l'argent pour ses soldats et du matériel...

— A-t-il reçu quelque chose pour son ralliement ?

La pomme d'Adam de l'interprète monte et descend, mais il finit par poser la question. Le maréchal éclate d'un grand rire.

— Le Maréchal est très riche, traduit l'interprète. Il n'a pas besoin d'argent. Il veut seulement lutter contre l'obscurantisme de Hekmatyar. Ses femmes sont de bonnes musulmanes, mais ne portent pas le voile.

A voir les œillades qu'elles expédient, ce sont surtout de fieffées salopes. Elles disparaissent dans un nuage de hasch après quelques clins d'œil égrillards...

— Le Maréchal voudrait que vous l'accompagniez au

1. Police politique soviétique créée sur l'ordre de Lénine.

Kabul Hotel, continue l'interprète. Il doit assister au mariage d'un de ses soldats.

Sélim Khan disparaît et revient, engoncé dans un uniforme d'opérette avec des étoiles partout et de superbes soutaches rouges. En route pour le Kabul Hotel.

Un grand gaillard se trémousse au milieu de la piste de danse du salon d'honneur au rez-de-chaussée du Kabul Hotel, se balançant comme une femme au rythme des tambourins de l'orchestre. La salle est pleine, hommes et femmes alignés sur des bancs. On boit sec et pas seulement du thé : vodka et scotch, qui ont franchi le blocus. Au fond, sur une estrade, la mariée peinturlurée comme un arbre de Noël, enfoncée dans un fauteuil de velours rouge. Pas de marié : il est en train de se battre à Djalalabad...

Gulgulab, le sourd-muet, et cinq autres gardes du corps surveillent toutes les entrées de la salle. La musique est assourdissante. Le maréchal Sélim Khan s'est assis juste aux pieds de la mariée. A son regard lubrique, j'ai l'impression qu'il remplacerait bien l'absent, y compris pour la nuit de noces.

Les danses s'arrêtent, le maréchal prononce quelques mots, il y a un tonnerre d'applaudissements et Sélim Khan se lève, s'esquivant en douceur, sans même faire attention à moi. L'interprète me glisse :

— Le Maréchal a beaucoup de travail. Il vous reverra une autre fois.

J'ai surtout l'impression que Sélim Khan aspire à une sieste bien méritée avec ou sans ses épouses.

Dans le hall du Kabul Hotel, je me heurte à l'envoyé spécial de « l'Humanité », un vieux stalinien aux convictions inébranlables, courageux et ricanant. Il me prend à part et me murmure :

— J'ai des nouvelles de Peshawar ! Les différents mouvements de la Résistance se déchirent. Ils n'arrivent pas à se mettre d'accord pour une offensive sur Kaboul. Pendant ce temps, Najibullah retourne un à un les chefs de tribus. Bientôt, il aura la situation en main, Rafik Aziz[1]...

Il me quitte, montant dans sa chambre, le seul des journalistes occidentaux à loger ici, avec quelques photographes d'agence aux finances limitées.

Toujours le calme trompeur. En rentrant à l'hôtel, j'apprends que la roquette tombée pendant que j'étais chez le maréchal a fait sept morts...

Je voudrais bien avoir le cœur net au sujet du maréchal Sélim Khan et de son harem. Aussi, je finis par dénicher un journaliste égyptien qui traîne ses guêtres depuis longtemps à Kaboul et semble au courant de tout. Lorsque je lui parle de ma rencontre, il se tord de rire.

— Si Najibullah n'a plus comme allié que cette vieille fripouille, il est mal parti !, me dit-il. C'est vrai qu'il est très lié aux Soviétiques et au président. Il avait levé trois mille hommes de sa tribu pour défendre Djalalabad. Quand il était du côté des moudjahidin, allié à Gulbuddin Hekmatyar, les Pakistanais et les Américains lui ont donné beaucoup d'argent. Au lieu d'acheter des armes et des munitions, il dépensait tout à faire la fête. En plus, il enlevait des femmes et s'amusait avec. A la fin, il a quitté Djalalabad en abandonnant une partie de ses hommes. Quelques-uns l'ont suivi ici, parce qu'ils étaient trop compromis. Sa tête est mise à prix chez les moudjahidin. Gulbuddin a juré, s'il le prenait, de le coudre dans une peau de porc et de l'enterrer vivant.

C'est un tueur, alcoolique, dépravé, un drogué, un pervers. Il ne peut plus mettre les pieds hors de Kaboul. Même dans sa tribu, ils n'en veulent pas. Pas parce qu'il a changé de camp, ici, c'est un péché véniel, mais parce qu'il ne s'est pas battu à la tête de ses hommes. Ça, ça ne pardonne pas.

Kaboul est vraiment un théâtre d'ombres... Comment savoir ce qui se passe réellement ? Mon confrère me répond :

---

1. Estimé camarade.

— C'est facile. Les roquettes tirées par les moudjahidin portent à onze kilomètres environ. Si Najibullah arrive à desserrer leur étau, on ne recevra plus rien. Quant à une attaque, s'ils bougent, les Mig et les hélicos vont décoller et passer au-dessus de nos têtes avant d'aller les taper.

Entre ces deux hypothèses, c'est le statu quo.

Statu quo au caviar. Maintenant, tout l'hôtel se goinfre des vestiges de l'armée soviétique. Les Russes ont également laissé beaucoup de drogues dures, en plus du haschisch, aussi courant ici qu'un paquet de cigarettes. Mais elles ne trouvent pas preneur.

La nuit, on guette les bruits annonciateurs d'une attaque, mais il n'y a que les hurlements des centaines de chiens errants. Bravant le couvre-feu, nous allons faire un tour en ville, tout phares allumés pour ne pas risquer de fâcheuses méprises.

Rien. Le calme plat. Les équipages des chars dorment sur les plaques du moteur pour avoir un peu de chaleur. Il n'y a qu'en face de la résidence du président Najibullah qu'on aperçoit un peu d'animation avec des projecteurs orientables et des patrouilles nerveuses. Visiblement, la garnison de Kaboul ne s'attend pas à une attaque. On finirait à ne plus croire à l'existence de ces moudjahidin fantômes s'il n'y avait le tir des roquettes.

J'ai rendez-vous à trois heures avec Sélim, l'ami de Wassé, pour ma rencontre avec un rescapé de Pul-i-Charki. Les précautions sont les mêmes. On se retrouve dans la petite boutique de tapis et, cette fois, c'est un jeune homme au visage doux qu'on me présente comme étant Dost.

Il commence son récit en bégayant un peu, ce que je mets sur le compte de l'émotion.

Mon interprète habituel traduit la litanie des horreurs.

— J'ai été arrêté au moment où je me rendais dans une cache d'armes, dans la banlieue de Kaboul. C'est une voiture banalisée du Khad, une Volga grise, qui m'a suivi. Tout de suite, j'ai été conduit au centre d'interrogatoire, puis, sans que je sache pourquoi, à Pul-i-Charki, au bloc B, celui des contre-révolutionnaires. Ils m'ont mis dans une cellule spéciale, dont le sol était construit de pierres pointues, afin que je ne puisse pas me reposer. Je n'avais même pas une couverture, et, bien entendu, la prison n'était pas chauffée.

Comme ils attendaient beaucoup de renseignements de moi, ils m'ont mis en condition. Tous les jours, on me traînait dans la cour où la température était en dessous de zéro. Là, vêtu seulement d'une chemise et d'un pantalon, on m'obligeait à rester en équilibre sur un pied...

— Sur un pied ?

— Balah ! Balah ![1], affirme l'interprète. Comme un oiseau ! Pendant deux ou trois heures. Lorsque je tombais, j'étais aussitôt roué de coups de bâton et de coups de pied.

A côté de moi, il y avait un vieillard à qui on arrachait la barbe par poignées. Cela peut paraître risible, mais c'est horriblement douloureux et humiliant.

Ensuite, on a commencé à me torturer sérieusement. Les soldats m'ont emmené dans une pièce tout au bout du bloc B. Ce qu'ils appelaient la cage de fer. Elle mesurait environ trois mètres sur deux. Aucun son ne pouvait transpercer ses murs métalliques. Dans un coin, il y avait un appareil de la taille d'une machine à écrire d'où sortaient des fils dont deux étaient dénudés. Sur le dessus, juste une manette et un cadran.

Les soldats m'ont attaché les fils dénudés sur le sexe et à l'oreille. Puis, ils sont sortis, me laissant avec deux « interrogateurs », des hommes du Khad. Ceux-ci m'ont d'abord demandé si je voulais parler. Comme je prétendais ne rien avoir à dire, l'un d'eux s'est mis à tourner la manette.

La pièce était très humide et j'étais pieds nus.

Dès que le courant a pu passer dans mon corps, j'ai sauté en l'air. Je tremblais de la tête aux pieds. C'était une

1. Oui ! Oui ! en dari.

sensation abominable. Je crois que je hurlais, mais je ne me souviens pas. J'avais aussi l'impression que mon cœur allait exploser et j'ai cru que c'était la fin, la mort. Je suis tombé. Par terre, je faisais des soubresauts comme un poisson hors de l'eau. Je ne sais pas combien de temps cela a duré, mais j'ai fini par m'évanouir. J'ai été torturé comme cela pendant quinze jours, entre une heure et quatre heures du matin. Cela se passait exprès la nuit, pour l'angoisse. Ensuite, je restais avachi toute la journée.

Par moments, on me mettait des fils sur la langue. Depuis, j'ai beaucoup de mal à parler normalement...

Ensuite, comme j'avais avoué en donnant le nom de caches qui avaient dû être vidées entre-temps, ils m'ont laissé tranquille.

Puis, cela a recommencé. Cette fois, ils voulaient des noms. Ils m'ont enfoncé un fil de fer chauffé dans le rectum à plusieurs reprises. Puis, de nouveau ça a été l'électricité, cette fois, sur le pénis. Maintenant, il m'arrive de saigner quand j'urine.

Une nuit, lorsqu'on m'a conduit dans la salle des interrogatoires, un homme était couché par terre, mort. Son visage était bleu et enflé. Le reste du corps était caché sous une couverture. Les questionneurs du Khad m'ont dit fièrement qu'ils l'avaient torturé à mort et m'ont averti que le même sort m'était réservé.

Ils voulaient m'effrayer pour que je parle... Mais j'ai réussi à ne leur donner que des noms de camarades que je savais à l'abri.

— Comment vous a-t-on relâché ?

— Un jour, ils m'ont sorti de la cellule et m'ont dit qu'on allait m'exécuter. On m'a dirigé vers la cour. Là, on exécutait les gens et j'ai eu très peur. Finalement, un officier du Khad m'a dit qu'ils avaient décidé de me libérer si j'acceptais de collaborer. Je devais leur signaler tout contact avec un moudjahid. Bien entendu, j'ai dit oui. J'aurais fait n'importe quoi pour sortir de cet enfer...

Je me suis retrouvé dans Kaboul. J'étais tellement faible

que je tenais à peine sur mes jambes... C'était il y a un an. Depuis, ils sont venus me voir deux ou trois fois, m'ont menacé, mais c'est tout. Je crois qu'ils n'ont pas assez de monde et qu'ils avaient besoin de place à Pul-i-Charki pour un nouvel arrivage...

Je regarde le visage de Dost. L'horreur transparaît encore dans ses yeux sombres. Sa voix bégayante a le ton de la vérité. Cela ne fait que recouper ce qu'on m'avait déjà raconté sur l'abominable Pul-i-Charki.

Maintenant, il n'a plus rien à dire. Gentiment, il se lève et disparaît dans l'arrière-boutique. Je reste avec mon thé froid sans sucre et un goût amer au fond de la gorge. Kaboul semble si calme, si paisible...

— Il y a encore beaucoup de gens à Pul-i-Charki, me dit l'interprète. Même depuis que les Chouravis sont partis, ils continuent à torturer et à tuer. Ils veulent supprimer des témoins.

— Comment se fait-il que les moudjahidin n'aient jamais tenté de libérer la prison, elle est tout près des gorges de Bagrani ?

Il secoue la tête.

— Ce serait une folie, elle est bien trop défendue, il y a des centaines de mines tout autour, et les hélicoptères ne sont pas loin.

Quand je me retrouve dans Chicken Street, la tête me tourne un peu. C'est vendredi et les mosquées appellent à la prière comme si de rien n'était. On rentre à l'hôtel. Une partie des journalistes se prépare à aller assister à des combats de chiens comme tous les vendredis à côté de l'aéroport. Sélim Khan est un des plus fervents amateurs de ce jeu sauvage. Les molosses se battent et s'entre-déchirent jusqu'à la mort... tandis que le public prend des paris énormes. C'est vrai que l'Afghanistan est un pays brutal, primitif. Il n'y a qu'à voir le regard farouche des barbus que l'on croise dans le bazar.

Même en civil, ils ont l'air de guerriers.

Aujourd'hui, pas de roquette. Les moudjahidin respectent la trêve du vendredi. Ou alors, ils jouent et misent aussi sur les chiens...

Ma conviction est faite : Kaboul n'est pas près de tomber. Il n'y a plus qu'à regagner la civilisation. Au lieu d'un bain de sang, on a eu un bain de caviar.

6

YOUGOSLAVIE
Le martyre de Sarajevo

Il n'y a rien de plus dangereux à Sarajevo que de se retrouver dans une zone exposée aux snipers serbes, en compagnie d'une femme enceinte ou d'un enfant. Ce sont les cibles préférées de ces tireurs d'élite embusqués dans des immeubles ou des villas, à moins d'un kilomètre du centre, au sud de la Miljacka, la rivière qui marque, grosso modo, la frontière entre la ville assiégée et les forces serbes. Un journaliste de l'AFP a vu trois petites filles imprudentes qui jouaient sur un terrain vague se faire abattre coup sur coup. Posément, par un sniper serbe embusqué dans un immeuble de Gorbavica. Tétanisées de terreur, elles n'ont pas pu fuir. L'une d'elles, touchée au poumon, a agonisé plusieurs minutes en exhalant un geyser de mousse rosâtre. Elles avaient entre huit et dix ans.

Depuis le début du siège de Sarajevo, le 6 avril 1992, 588 enfants ont été tués, 7 199 blessés, amputés, défigurés. L'Institut orthopédique de Sarajevo, qui fonctionne encore dans les étages inférieurs, bien que bombardé régulièrement, abrite en permanence une quarantaine d'enfants, les plus gravement touchés; les autres, on les renvoie chez eux, faute de place et de médicaments.

Chaque jour, entre 15 et 25 habitants de Sarajevo sont tués, soit par les snipers, soit par des obus de mortier, les roquettes des « orgues de Milosevic » ou les canons de 100 mm des chars T-62. Sur ce nombre, il y a 20 %

d'enfants. Cette férocité laisse pantois : pourquoi systématiquement tirer dans le ventre d'une femme enceinte plutôt
que sur un soldat armé ?

On ne comprendrait rien à cette cruauté, si l'on n'avait
en mémoire les buts de guerre de la Serbie du président
Milosevic et de ses alliés et frères ethniques, les Serbes de
Bosnie-Herzégovine, commandés par l'ex-psychiatre
Radovan Karadzic. Il n'est pas inutile, avant de poursuivre
ce récit d'horreur, de faire le point sur leur politique. Je ne
suis par le seul à me demander si c'est une réalité ou un
cauchemar. Rappelons donc que l'objectif des Serbes est
de faire de la Bosnie-Herzégovine, territoire montagneux
et pauvre de 51 000 kilomètres carrés, qui s'enfonce comme
un coin entre le nord et le sud de la Croatie, une terre
entièrement serbe. Ce territoire, au dernier recensement
de 1988 était peuplé de 4 400 000 personnes, dont 1 630 000
Musulmans, 750 000 Croates et seulement 1 320 000 Serbes,
les autres se définissant eux-mêmes comme « Yougos-
laves » sans appartenance ethnique particulière.

Croates, Serbes et Musulmans étant inextricablement
imbriqués dans un patchwork de villages, les Serbes
doivent combiner deux vieilles théories nazies pour arriver
à leurs fins : celle de l'espace vital (« lebensraum »)
conquis par la force, et celle de la pureté raciale (« rassen-
reinigung ») rebaptisée « purification ethnique » pour faire
plus moderne.

La supériorité militaire du camp serbe, équipé de chars,
d'artillerie lourde et d'aviation, sur les Bosniaques étant à
peu près celle de la Wehrmacht par rapport à l'armée
polonaise de 1939, les Serbes ont conquis 60 % de la
Bosnie-Herzégovine en six mois, en expulsant la plupart de
ses habitants musulmans. Les Croates de Croatie ont pris
sous leur protection la zone de Bosnie à majorité ethnique
croate, soit 20 % du territoire, en faisant un prolongement
naturel de leur pays.

Aussi, la Bosnie-Herzégovine du président Alija Izetbegovic est réduite en octobre 1992 à un triangle de 10 000

kilomètres carrés (la surface de deux départements français) reliant trois villes : Zenica, au nord, Jajce et Sarajevo.

La présidence et le gouvernement bosniaques sont installés à Sarajevo, capitale de la Bosnie, qui compte aujourd'hui près de 400 000 habitants, dont 60 000 réfugiés. Sarajevo, ville déjà médiatisée par l'Histoire et les Jeux Olympiques, capitale d'un État réduit à sa plus simple expression mais symbole de la résistance bosniaque, est devenue l'obsession haineuse de Radovan Karadzic.

Il faut que Sarajevo soit vidé de ses éléments ethniquement impurs et puisse enfin devenir la capitale serbe d'une Bosnie serbe. L'idée première des Serbes était de prendre Sarajevo et de jeter sur les routes de l'exode tous ses habitants, comme ils ont fait par ailleurs en Croatie et en Bosnie. Cela paraissait facile du fait de l'absence de préparation bosniaque.

Les habitants de Sarajevo, où Serbes, Croates et Musulmans avaient toujours vécu en bonne intelligence, ne croyaient pas à la guerre, pas plus que le président bosniaque, Alija Izetbegovic, très religieux et emprisonné à ce titre pendant huit ans par le régime communiste yougoslave.

Ce sont les hommes de Radovan Karadzic, le Serbe, qui mirent le feu aux poudres, tirant froidement sur la foule, le jour de la grande manifestation en faveur de la paix à Sarajevo. Peu de temps après, les troupes serbes de Bosnie, appuyées par l'ex-armée fédérale, purgée de ses éléments non serbes, attaquait Sarajevo, à partir de ses deux places fortes, Ilitza à l'ouest et Pale, à l'est. En pleine euphorie pacifique, la ville aurait dû tomber comme un fruit mûr. Ce ne fut pas le cas. La population se dressa comme un seul homme avec des armes de fortune, des policiers aux voyous, avec au mieux quelques mitrailleuses et de vieux lance-roquettes antichars, RPG-7.

Ils stoppèrent l'avance serbe et parvinrent même à garder le contrôle des ponts sur la Miljacka.

Alors, la fureur des responsables politiques serbes (Milosevic, à Belgrade, et Karadzic, en Bosnie) se déchaîna. Puisqu'ils ne pouvaient pas s'emparer de Sarajevo, Sarajevo serait détruit, écrasé, affamé, et ses habitants décimés, assassinés, réduits à l'état de bêtes. On en tuerait le plus possible pour que les survivants acceptent enfin de quitter leur ville.

Le siège de Sarajevo commençait. Théoriquement, il semblait relativement facile de venir à bout de Sarajevo, compte tenu de l'implantation des forces serbes et de la topographie de la ville. Imaginez une ville de l'importance de Toulouse, étirée sur environ 8 kilomètres, d'est en ouest, la plus grande partie se trouvant au nord de la rivière. En réalité, il y a trois villes juxtaposées : la vieille cité ottomane avec ses mosquées et son bazar, tout à fait à l'est, puis l'ancienne ville autrichienne avec ses solennels immeubles massifs à la Habsbourg et enfin la ville moderne composée de gratte-ciel entrelacés de petits pavillons, prolongée par une zone industrielle vers l'ouest. Sarajevo se trouve au fond d'une vallée entourée de montagnes très rapprochées au nord et au sud.

Les troupes serbes encerclent complètement la ville, à une distance qui varie entre 500 mètres et 3 kilomètres. Ils se sont emparés de la plus grande partie des quartiers se trouvant au sud de la rivière, comme Gorbavica, Staro Brodo ou Stari Grad. Au nord, ils tiennent également le stade olympique (les Jeux Olympiques d'hiver de 1984 ont eu lieu à Sarajevo). Leurs positions, au sud et à l'ouest, sont à moins d'un kilomètre du centre ville. Les Bosniaques verrouillent leur dispositif, à l'ouest par le quartier de Stup, dont il ne reste que des ruines, et à l'est par celui de Bistrik, au sud de la Miljacka, qui concrétise la ligne de front. L'aéroport qui se trouve à 3 kilomètres au sud-ouest de la ville est enclavé entre des villages serbes et bosniaques. Au nord, Dobrinja, sorte de Sarcelles de 30 000 habitants, dont les premières maisons se trouvent à 30 mètres de l'aérogare, est tenue moitié par les Serbes, moitié par les Musulmans. Par contre, les trois villages au sud de la piste,

Butmir, Sokolovici et Mrasnica, sont musulmans. Mais la piste se termine à l'ouest aux premières maisons d'Ilidza, place forte serbe. Et son extrémité est sous le feu des chars serbes embusqués sur la colline de Gorjni Kotorac.

Autant dire qu'aucun avion ne peut décoller ou atterrir sur l'aéroport de Sarajevo sans l'assentiment des Serbes, même depuis qu'ils ont évacué les bâtiments de l'aérogare pour laisser la place à la Forpronu, sous la pression internationale.

Dès le début du siège, la gare et les voies ferrées quittant Sarajevo furent bombardées et détruites. Tous les ouvrages d'art jusqu'à Mostar furent dynamités (il y a six mois que pas un train n'a quitté Sarajevo ou n'y est arrivé) et toutes les routes coupées, minées et prises sous le feu des snipers et des mortiers.

Ainsi, Sarajevo était étranglé, sans aucune sortie possible pour ses habitants et les réfugiés qui y avaient afflué avant le siège.

La punition de la ville pouvait commencer. C'était il y a presque six mois, alors que j'écris ces lignes. Depuis, la destruction systématique de Sarajevo et le massacre raisonné de sa population civile continuent. Les politiciens serbes détournent l'attention du calvaire de Sarajevo par des gesticulations qui ne trompent même pas les plus naïfs des « onusiens ». Pendant ce temps, les griffes serbes déchirent chaque jour un peu plus le tissu humain et architectural de Sarajevo.

Ce sont les snipers serbes qui terrifient vraiment les habitants de Sarajevo. Des volontaires équipés de fusils de précision de fabrication yougoslave, des Pushka M-76 avec une lunette de visée et souvent un système infrarouge de façon à pouvoir tirer la nuit.

Organisés en unité spéciale qui prend ses ordres directement de Radovan Karadzic, ils se répartissent principalement dans les immeubles et les maisons situés au sud de la Miljacka, tapis durant des heures en attendant leurs victimes. Ils tirent d'une distance comprise entre

300 mètres et 1 kilomètre, des projectiles à fragmentation et à haute vitesse initiale qui font éclater les artères et tuent la plupart du temps.

Le quartier de Gorbavica en est infesté, car ses immeubles dominent ce qui était, jadis, l'épine dorsale de Sarajevo, l'avenue Vojvode Radomira, qui court le long de la Miljacka, rebaptisée du sinistre surnom de « Sniper's Alley ». Les rues orientées nord-sud sont aussi sous leur feu et deviennent des pièges mortels.

Un de mes confrères a vu ainsi un passant frappé alors qu'il traversait une intersection « dangereuse » en courant. Atteint à la jambe, il s'est mis à ramper pour se mettre hors de portée du sniper serbe. Sachant que celui-ci allait tenter de l'achever, personne n'a osé risquer sa vie en lui venant en aide. Un véhicule blindé de la Forpronu est passé près de lui, mais n'a pas ralenti. Les règlements « onusiens » interdisent d'intervenir.

Alors que le blessé était presque à l'abri, le sniper serbe lui a logé posément une balle dans la tête.

Les snipers traquent tout particulièrement les gens qui vont récolter un peu de bois sur la colline de Crani Vrih ou ceux qui se rassemblent autour de la citerne de Bascarsija, pour ramener un peu d'eau.

Parfois, ils atteignent des gens chez eux. Un cameraman américain a reçu une balle dans le genou, assis sur son lit, dans sa chambre du Holiday Inn. D'autres habitants ont été obligés d'abandonner leur appartement dans la ligne de mire des snipers, pour vivre dans la cave. Ils tirent aussi sur les rares bus qui circulent encore, visant en priorité les chauffeurs, mais bien entendu, leurs cibles de choix ce sont les imprudents qui ont le courage ou la folie d'emprunter « Sniper's Alley ».

Cette longue avenue qui s'étire sur plusieurs kilomètres, a deux voies, séparées par un terre-plein central occupé par des voies de tramway. Un jour, dans la voiture blindée de confrères, je l'ai empruntée, en sortant de l'immeuble de la télévision. Son absence de vie serre le cœur. Des rames de tram sont immobilisées tout le long, semblant avoir été abandonnées la veille. Lorsqu'on passe devant, on découvre qu'elles sont criblées de balles, que toutes leurs vitres sont brisées. Les immeubles qui bordaient l'avenue ne sont plus que des tas de pierres informes. On aperçoit quelques piétons qui traversent en courant, déboulant comme des lièvres : les mal lotis qui habitent de grandes HLM coincées entre la rivière et « Sniper's Alley ». Ils se faufilent au milieu des carcasses de voitures ou de bus qui jonchent ce parcours de la mort, pour aller chercher de la nourriture ou de l'eau.

Quelques automobilistes fatalistes ou inconscients l'empruntent à 150 à l'heure, zigzaguant entre les débris et les éclats d'obus qui jonchent la chaussée défoncée, accélérant devant les ruines de l'hôtel Bristol qui sert de point d'appui aux Bosniaques.

Je suis passé devant des voitures abandonnées, portes ouvertes, d'où on avait retiré le conducteur tué par un sniper. J'ai vu une ambulance, les roues en l'air, criblée de balles. Avec les femmes et les enfants, tout ce qui arbore une Croix-Rouge est une cible de choix pour les snipers. Après six mois de siège, ils sont toujours aussi nombreux. Ils frappent n'importe où, n'importe quand, tirant même parfois sur le Q.G. de la Forpronu, installé dans le PTT Building, à l'ouest de la ville. La détonation de leur arme est celle qui effraie le plus. Très caractéristique, elle est plus sèche et plus forte que celle des Kalachnikov et toujours unique.

Il ne faut pas croire que leur férocité soit le fruit du hasard. Les snipers ont des ordres : il faut terrifier la population. On y arrive mieux en abattant une femme enceinte qu'un combattant.

C'est la méthode que les Syriens ont appliqué à Beyrouth, pour casser la résistance des chrétiens. Le massacre de la famille Chamoun en est l'exemple parfait. Seul, le mari avait un rôle politique, mais les tueurs ont abattu aussi sa femme et ses deux enfants. Pour faire peur.

A Sarajevo, les gens ont appris à se protéger un peu des snipers. La plupart des intersections avec des rues nord-sud, dans les axes de tir possibles des snipers, sont abritées par des empilements de containers métalliques ou des barricades d'autobus.

On voit tout le temps des passants qui courent sans raison apparente. On ne se déplace plus qu'aux aguets. La mort peut venir de tant de côtés. Et puis, il y a les « contre-snipers ».

Un soir, à l'Holiday Inn, j'ai vu un géant vêtu de noir, un fusil à lunette à la main, sortir d'une chambre voisine de la mienne. Un « contre-sniper », membre de la Police spéciale, dirigée par un Croate massif, Dragan Vikic. J'en ai rencontré d'autres au Q.G. de Vikic, qui partaient à la nuit tombée prendre position, en combinaison noire, des grenades à la ceinture, un long M-76 à l'épaule, l'air à la fois enfantin et décidé.

Ces hommes se faufilent dans une tour détruite et abandonnée ou dans les immeubles en ruine des premières lignes, et guettent. Une attente épuisante. Des heures de tension à surveiller des centaines de fenêtres, à fixer un rideau qui bouge, un reflet dans une vitre ou une ombre qui passe. Parfois, lorsqu'un de ces « contre-snipers » est à peu près sûr qu'un sniper serbe se cache à tel endroit, sans se montrer, il tire une roquette de RPG-7 afin de le réduire en bouillie, ou une grenade à fusil.

Comme me l'a dit Dragan Vikic dans son PC enfoui sous les sacs de sable, en face de la présidence : « Nos " contre-snipers " ne sont pas des assassins de femmes et d'enfants. Ils ne tuent que des snipers serbes, qui, eux, sont des criminels de guerre. »

Même à l'Holiday Inn, le seul hôtel de la ville à être encore ouvert, pratiquement réservé aux journalistes étrangers, la menace des snipers se fait sentir.

Bien entendu, aucune chambre donnant sur la façade sud n'est occupée. D'ailleurs, la plupart sont éventrées par des obus de char. Celles donnant sur l'ouest ne sont guère plus appréciées et de toute façon, personne n'habite plus haut que le cinquième étage.

Il est impossible d'entrer ou de sortir de l'hôtel de façon normale. L'entrée principale sur « Sniper's Alley » n'est plus qu'un tas de gravats renforcé de sacs de sable. Essayer d'entrer par là équivaudrait à un suicide. L'entrée de derrière est condamnée, elle aussi, se trouvant dans l'axe de tirs d'un immeuble plein de snipers serbes, à Gorbavica. On n'entre et on ne sort que par la rampe d'accès au garage souterrain, et, pour éviter de demeurer trop longtemps dans la zone dangereuse, à peine jaillies du garage, les voitures (même blindées) des journalistes, foncent à travers les terre-pleins, et sautent les trottoirs, jusqu'à la rue Kranjevica, parallèle à « Sniper's Alley » qui, elle, se trouve à l'abri des tirs.

L'acharnement contre cet hôtel ne relève pas non plus du hasard. Les journalistes étrangers qui, au péril de leur vie, envoient des images télé ou des récits sur ce qui se passe à Sarajevo sont les pires ennemis des Serbes. Sans eux et l'émotion que suscitent leurs récits dans l'opinion publique, le silence retomberait comme une chape de plomb sur Sarajevo, jusqu'à la solution finale. Comme il est tombé sur Vukovar, ville martyre de Croatie, où il n'y avait pas de journalistes.

Il n'y a qu'à voir, dans le sous-sol du Holiday Inn, le nombre de voitures de presse, et signalées comme telles par d'énormes inscriptions, souvent fluorescentes, criblées de balles. Le bruit a couru dans Sarajevo que les snipers serbes touchaient une prime de 300 DM[1] par journaliste abattu. En tout cas, depuis le début du conflit, trente-huit journalistes de toutes les nationalités ont été tués, et de nombreux autres blessés ou amputés.

Fait marquant : chaque fois que les Serbes essuient un revers à Sarajevo, leur premier mouvement est de se venger sur la presse. Le lendemain du jour où l'on a

---

1. Deutsche Mark.

annoncé la reprise du pont aérien, des rafales de mitrailleuses lourdes et des volées d'obus de char se sont abattues sur le Holiday Inn, à 6 heures du matin. Les traçantes traversaient le hall, faisant dégringoler les grands panneaux de verre protégeant les coursives intérieures. Les obus dévastaient et incendiaient quelques chambres supplémentaires.

Manifestation de la mauvaise humeur de Radovan Karadzic. Les snipers ne représentent cependant qu'une partie des épreuves pour les habitants de Sarajevo. En arrivant, on est frappé par l'odeur de brûlé qui flotte en permanence sur la ville. Il y a toujours quelque chose en train de brûler. Car la pluie d'obus de tout calibre, si elle connaît des pauses, ne s'arrête jamais. Et cela depuis près de deux cents jours. Nuit et jour, à intervalles réguliers, Sarajevo est secoué par des explosions sourdes, plus ou moins violentes. Les oiseaux s'envolent, puis un nuage de fumée grise monte vers le ciel, souvent mêlé de flammes. Comme jadis les SS de Hitler avaient détruit Varsovie, les Serbes écrasent systématiquement Sarajevo sous les obus. Les pires, ce sont les mortiers. De 60, de 80, de 120. Ceux-là, on ne les entend pas venir, et ils frappent partout. Les immeubles, les rues, les jardins, tuant et déchiquetant les gens, faisant s'écrouler les HLM. Aujourd'hui, Sarajevo n'est plus qu'un champ de ruines. La gare, le dépôt d'autobus, la télévision, les grandes tours, verre et acier, fierté de la ville, les vieux immeubles du quartier autrichien, les modestes pavillons aux toits de tuiles, les maisons basses du quartier ottoman. Tout est éventré, crevé, les fenêtres arrachées, les toits soufflés, les murs effondrés.

Dans les bâtiments intacts, les habitants ont collé des bandes de papier sur les vitres pour éviter les blessures d'éclats de verre. On bouche les fenêtres déjà touchées avec des planches ou du carton. Il y a longtemps qu'on ne trouve plus de vitres à Sarajevo.

Dans certains immeubles tellement bombardés qu'on les croirait abandonnés, sans portes ni fenêtres, on découvre un grouillement pathétique. Des familles entières assises à même le sol, hagardes, serrées les unes contre les autres, le regard vide, entourées de quelques baluchons : des réfugiés qui préfèrent encore cela que rien.

Les Serbes s'acharnent, parfois sans raison apparente, sur certains buildings comme sur la tour Energo West, détruite depuis des semaines mais sur laquelle ils continuent de tirer. Ou alors sur les blocs de HLM de « Novo Sarajevo », une cité jouxtant l'hôtel Holiday Inn. Le 5 octobre, les mortiers lourds se sont déchaînés sur cette cité qui compte pourtant 25 % d'habitants serbes, détruisant sept immeubles et faisant une vingtaine de morts et plus de cent blessés. D'autres objectifs sont plus logiques, si l'on peut dire. De ma chambre, par un bel après-midi, j'ai vu plusieurs obus s'abattre sur le bloc de bâtiments, à deux cents mètres au nord du Holiday Inn, non loin de la présidence. Ce n'était pas la première fois.

Autre objectif : la boulangerie industrielle, à l'est de la ville. Il ne se passe pratiquement pas un jour sans qu'elle ne soit bombardée au mortier ou aux « orgues de Milosevic ». Touchée, incendiée, elle est réparée tant bien que mal et continue à fonctionner. Je me trouvais dans une famille bosniaque à cinquante mètres de là, lors d'un de ces bombardements. La mère de famille m'a montré la cour de son immeuble : hier, un obus de 80 est tombé là, au milieu d'enfants qui jouaient. Il y a eu trois morts et des blessés.

C'est l'horreur de ces obus qui tombent n'importe où, mais pas au hasard. Les artilleurs serbes ont des mortiers préréglés sur certains points. Les lieux de distribution d'eau (l'eau est coupée en ville depuis longtemps, et des camions en apportent régulièrement), les marchés et certains endroits de passage obligés comme les itinéraires permettant d'éviter « Sniper's Alley ». Ils frappent au moment où il y a le plus de monde. Renseignés par des espions, soit des Serbes, soit des renégats qui les préviennent grâce à un système de signaux lumineux.

Ils se déchaînent aussi tout particulièrement sur la vieille ville ottomane. Sur les deux cents minarets des mosquées, il n'en reste que quarante intacts. Lorsqu'on parcourt les rues étroites du bazar, durement frappé par les bombardements, on a l'impression d'une ville morte : tous les rideaux de fer sont baissés. Mais un vacarme sourd remplit les ruelles. Derrière cette protection, les artisans continuent de travailler, utilisant tous les débris de métal.

A Bistrik, le quartier musulman le plus à l'ouest, les obus de mortier ont tourné et retourné la terre du vieux cimetière, exhumant les corps, brisant les pierres tombales et tuant même des familles menant un des leurs à sa dernière demeure. La grande mosquée de Sarajevo continue à être pleine tous les vendredis, jusqu'au jour où elle sera, elle aussi, aplatie sous les projectiles.

Dans l'arsenal de la terreur serbe, les canons de char de 100 mm occupent une place de choix. Ils permettent, grâce à un tir tendu, c'est-à-dire direct, de voir ce qu'on détruit. Leur détonation est beaucoup plus sèche, plus forte, moins sourde que celle des mortiers. Les fenêtres de la façade sud du Holiday Inn permettent de se rendre compte des dégâts qu'ils provoquent. Un seul obus dévaste une pièce, tuant tous ses occupants.

Leurs cibles préférées, ce sont les hôpitaux. Le plus touché : l'hôpital militaire, rebaptisé depuis la visite de François Mitterrand « hôpital français ». Il compte une vingtaine d'étages et n'a plus une chambre intacte du vingtième au troisième, les chars ne pouvant atteindre les étages inférieurs, protégés par d'autres immeubles.

Systématiquement, les artilleurs serbes ont tiré un obus par fenêtre...

De l'hôpital français, il ne reste qu'une carcasse vide et quelques étages en sous-sol où l'on soigne et opère encore. Pour compléter le travail des canons de char, il y a les « douchkas », les mitrailleuses lourdes de 14,5 mm qui dévastent presque autant que les obus. On voit leurs balles traçantes s'engouffrer, au rythme de 600 à la minute, dans un immeuble et le faire littéralement exploser.

Ce déluge de feu se poursuit, de nuit comme de jour, avec de soudaines interruptions et généralement une accalmie le matin et une aggravation le soir quand la « slibovisz » (alcool style vodka) commence à faire son effet.

Et pourtant, malgré ce cauchemar quotidien, les habitants de Sarajevo ne veulent pas hisser le drapeau blanc. D'abord, ils se battent, avec leurs moyens dérisoires. Des Kalachnikov, des armes de poing, des Bazooka ou des grenades fabriquées avec de l'explosif récupéré dans des obus inutilisés et des segments de poteaux de signalisation. Un bricoleur ingénieux a découvert que le diamètre intérieur de ces tubes métalliques était exactement celui des obus de mortier...

A part cela, les défenseurs de la ville possèdent des mitrailleuses lourdes, quelques armes antichars, qui vont du vieux RPG-7 à des missiles filoguidés en petits nombres. Ces armes sont gardées précieusement pour le cas improbable d'une attaque frontale serbe, comme les deux uniques chars, de vieux T-55 entreposés dans un tunnel, face au front nord.

Pas d'artillerie, pas de mortiers lourds, pas de canons de char, pas d'armes antiaériennes. A cause de la présence constante des journalistes étrangers, les Serbes se sont abstenus d'utiliser leur aviation à Sarajevo. Ils risqueraient un blâme de l'ONU. Même des transports de troupes blindées comme ceux de la Forpronu seraient précieux.

Sur les armes (rares) et les munitions qui parviennent à Sarajevo, à travers des sentiers de montagne, une taxe de 20 % est payée aux Croates. Quant à l'embargo international sur le matériel militaire à destination de l'ex-Yougoslavie, il est appliqué avec une attention sourcilleuse, alors que les Serbes continuent de fabriquer beaucoup d'armes et d'en recevoir, via le Danube, de Russie, au nom de la solidarité slave. Pourtant, Sarajevo tient. Mais à quel prix !

S'ils n'ont pas d'armes, les Bosniaques ont des hommes. Les rues sont pleines de civils armés, souvent à la mine patibulaire, à la tenue ornée de badges fantaisistes. Lorsque le siège a commencé, il n'y avait pas d'armée. Les premiers à former un embryon de défense ont été les policiers qui possédaient un certain arsenal. Ils ont été rejoints par quelques voyous patriotes, eux aussi familiers des armes à feu, qui ont formé des milices plus ou moins contrôlées, aux buts parfois troubles. L'archétype de ces personnages est un certain Juca Prazina, ex-voleur de voitures, cinq fois jugé, cinq fois acquitté. Jeune homme de vingt-neuf ans au front bas mais à l'œil vif, il est devenu l'idole des quartiers Est, et, juste avant son départ de Sarajevo, fin septembre, il se targuait de commander quelques milliers d'hommes, répartis entre la ville et les divers points d'appui extérieurs. Son Q.G., dans une petite rue du quartier de Dolac Malta, installé dans une ancienne école, grouille de miliciens, arborant une combinaison toute noire et des armes diverses, ainsi que de « Madelon » sexy affairées aux machines à écrire et destinées au repos du guerrier.

Mais à côté de ces patriotes demeurent des bandes incontrôlées dont les Q.G. se trouvent, pour la plupart, dans le même quartier. Des appartements « réquisitionnés » ou des boutiques abandonnées. On ne sait pas trop à quelles activités ces hommes se livrent, mais ils sont très présents. Entassés dans des Golf rouges, ils sillonnent les rues de Sarajevo à toute vitesse, traquant le traître et rançonnant ceux qu'ils peuvent. Leur spécialité : le vol d'essence, introuvable en ville.

Comme ils arborent tous des badges « Policija » et qu'ils jonglent avec leurs « Kalach », on les craint. Interrogé à ce sujet, le vice-ministre de la Justice a reconnu qu'il y avait encore des bandes équivoques à Sarajevo, mais que la situation s'améliorait par leur intégration dans les forces armées régulières.

Pourtant, les malheureux habitants de Sarajevo n'ont vraiment pas besoin de cette plaie supplémentaire qui fait penser aux hordes de FFI et de FTP de la onzième heure qui ont fait régner la terreur en 1945, à Paris. Après six mois de siège, la vie à Sarajevo est tout simplement épouvantable.

On compare parfois Sarajevo à Beyrouth. Mais Beyrouth, même aux pires moments de la guerre civile, était une oasis comparée à Sarajevo ! Il n'y a plus d'eau, plus d'électricité, plus de gaz, plus de chauffage. Plus de fuel, plus d'essence, sauf pour l'armée, les pompiers et les ambulances. J'ai vu des gens qui jouaient aux échecs, installés sur le perron de leur immeuble, afin de profiter jusqu'à la dernière seconde de la lumière du crépuscule. On ne trouve pas de bougies, et les mieux lotis confectionnent des lampes à huile. Dans la rue, on m'a arrêté dix fois pour me demander si je n'avais pas des piles électriques. Disparues à Sarajevo. Il n'y a plus de boutiques, toutes ont été détruites, pillées ou abandonnées. Plus de restaurants : il y en avait trente-cinq recensés dans les guides de tourisme. Nous avons voulu aller au « Ragusa », fameux restaurant de poissons de la vieille ville autrichienne. On n'y sert plus que de la bière. « Revenez demain, j'essaierai de vous trouver quelque chose, a promis le patron. Si vous avez des marks… ». Plus de cinémas, plus de théâtres. Plus d'éclairages publics, ni de feux de signalisation. Quelques bus assurent un minimum de transport en commun, au prix de la vie de nombreux conducteurs.

On voit des véhicules particuliers, en très petit nombre, roulant toujours très vite, à cause des snipers. Mais surtout, les rues et les trottoirs sont jonchés de carcasses de voitures déchiquetées par les obus. Sarajevo n'est plus qu'un immense cimetière de voitures, de camions, de bus. 90 % de l'activité est arrêtée : plus de banques, plus d'administrations, plus de commerce. Les dernières affaires s'arrêtent une par une. J'ai rencontré une traductrice qui travaillait pour la société Energo. La veille de ma visite, son bureau a été détruit par un obus. D'où chômage. Maintenant, elle reste chez elle, comme la plus grande partie des gens. Simplement, on lui délivre une attestation certifiant qu'elle est bien demeurée à Sarajevo et on lui versera désormais un salaire symbolique qui lui permettra d'acheter au marché quelques bottes de pissenlits, les jours fastes.

Pourtant, dans cette cité en ruine, assommée de bombardements, quelques services essentiels continuent à fonctionner. La présidence, d'abord, installée dans un vieux palais massif de style austro-hongrois, en plein centre ville. Il y a de l'électricité, grâce à un générateur, mais des bandes de plastique remplacent une grande partie des vitres. Là, pathétiques mais indomptables, la poignée d'hommes qui entourent le président Izetbegovic, fait semblant de s'accrocher à la chimère d'une Bosnie-Herzégovine reconnue par plusieurs nations. Et qui, comme le dit Kemal Muftic, le conseiller du président, ne peut donc pas perdre. Même les rafales de mitrailleuses qui claquent tout près, ne l'arrachent pas à cette conviction héroïque.

Partout, des fleurs de lys, symbole du nouvel État bosniaque, comme pour conjurer le sort. Les ministères fonctionnent dans le vide, avec une poignée de fonctionnaires dévoués. Seulement, les membres du gouvernement bosniaque ne peuvent sortir de la ville que cachés dans un véhicule blindé de la Forpronu, français ou ukrainien... Les hôpitaux, pourtant cibles privilégiées des Serbes, continuent à fonctionner dans les sous-sols.

L'hôpital de Kosevo, l'Institut orthopédique, la maternité n'ont jamais fermé. Fièrement, un des responsables de la Santé m'a déclaré que, jusqu'ici, ils étaient arrivés à ne pas pratiquer d'opération sans anesthésie. Résultat admirable à deux heures d'avion de Paris. Le problème des médicaments commence à se poser d'une façon cruciale. Durant les premiers mois du siège, les Bosniaques ont utilisé leurs stocks et en ont reçu grâce à l'aide humanitaire. Ils en sont maintenant à razzier au jour le jour les derniers stocks des pharmacies de la ville. Car, sur ce front-là aussi, les Serbes veillent : j'ai rencontré deux jeunes femmes responsables de « Pharmaciens sans frontières » qui, la veille, alors qu'elles se présentaient devant les lignes serbes à Ilidza avec deux camions de médicaments, se sont trouvées nez à nez avec un char serbe dont le commandant leur a donné le choix : ou bien elles faisaient demi-tour, ou il détruisait les camions, et elles avec... La rage au cœur, elles ont obtempéré, et essaieront à nouveau dans quelques jours. Entre-temps, des blessés et des malades mourront à Sarajevo.

En dépit de tout, la boulangerie industrielle continue à produire, grâce à la farine fournie par l'ONU. Le pain est distribué gratuitement dans les permanences de quartier. Le jour où je me suis rendu au ministère de la Justice, il y avait la queue au rez-de-chaussée : distribution quotidienne d'un pain par famille. Les gens ne risquent pas leur vie uniquement pour manger. Ils veulent avoir des nouvelles. Le seul lien avec le monde extérieur, pour l'immense majorité de la population, c'est le quotidien local « Oslobodenje » qui, sur huit pages, en imprime une et demie d'avis mortuaires. En effet, sans électricité, plus de radio et plus de télévision, plus aucune source d'information. Alors, on risque sa vie pour se procurer ce journal. A Sarajevo, chaque fois qu'on met le nez dehors, on est en danger de mort. Pourtant, les rues s'animent un peu entre l'aube et quatre heures de l'après-midi. Dans les quartiers populaires de l'Est, il y a même des cafés, comme le « Ragusa », le « SOS » ou le « Bas Bunar ». Ils servent ce qu'ils ont : du « sok », jus de cerise artificiel imbuvable, de la bière (une brasserie fonctionne encore au ralenti) ou du vin de Mostar, la région voisine.

Les plus audacieux se rendent sur ce qui reste du grand marché, au nord-est de la ville. Les étals qui n'ont pas été pulvérisés par les bombes sont vides, à part quelques poignées d'orties ou de pissenlits. Ou des produits introuvables offerts aux tarifs du marché noir. J'ai vu un homme y proposer une bouteille d'huile pour dix marks, des œufs à un mark pièce, quelques légumes flétris, un poulet étique. Les clients se hâtent. L'endroit est souvent bombardé : la carcasse d'une voiture éventrée est là pour le rappeler.

Pour comprendre comment les gens arrivent à survivre dans ce dénuement presque absolu, je suis allé rendre visite à une famille moyenne qui demeure dans une HLM, en face de la boulangerie industrielle.

Un petit appartement au huitième qui n'a pas encore été touché par les obus. Ils s'appellent Priça. Lui est Serbe et travaillait à la laiterie, elle est catholique, traductrice pour la présidence.

— Nous vivons de l'aide humanitaire, m'a expliqué Voican, le mari. Depuis le 20 septembre, la laiterie industrielle ne produit plus rien, faute de matière première. Je suis au chômage. Depuis le début du siège, nous n'avons plus d'œufs, plus de viande, plus de poisson, plus de saucisses, plus de légumes frais. En juillet, j'ai encore pu trouver des betteraves au marché. Maintenant, c'est fini. Alors, nous allons aux distributions de nourriture gratuites mais irrégulières. En trois mois, j'ai reçu 1,5 kg de sucre, 3 litres d'huile, 6 boîtes de conserve de bœuf, de la farine, du riz et des pâtes. Nous avions quelques réserves mais maintenant, plus rien... Nous mangeons des pâtes et du pain trempé dans de l'huile. Comme il n'y a ni gaz ni électricité, nous avons installé un réchaud improvisé sur le balcon...

Il m'a montré comment il procédait. Il sacrifie des bouts de bois, pris sur des portes de placard découpées en petits morceaux, pour faire un feu sur le sol d'un balcon. On revient au Moyen Âge...

— Il y a un peu de marché noir, m'a expliqué Voican Priça, mais c'est trop cher pour l'immense majorité des gens. Un œuf coûte 1 mark, 1 kg de riz, 8 marks, 1 kg de café 30 à 50 marks et 1 kg de viande 35 marks.

Ces prix qui ne paraissent pas énormes sont en réalité inaccessibles pour les habitants de Sarajevo. Ici, deux monnaies ont cours : le mark allemand (mais seuls quelques trafiquants en possèdent) et le bonovi, monnaie locale qui ne vaut guère que son poids de papier. Les salaires s'échelonnent entre 1 200 et 27 000 bonovis par mois, pour certains postes dangereux et indispensables. Or, un mark vaut environ 1 000 bonovis. Donc les gens les mieux payés gagnent 27 marks, soit 100 francs par mois, et ils sont peu nombreux. Avec le salaire symbolique de tous ceux mis au chômage technique, on peut se payer un œuf par mois... Et pourtant, ces gens ne perdent pas courage. Lorsque nous sommes redescendus, il y avait encore des joueurs d'échecs sur le perron, bien qu'il fasse presque nuit. On célèbre encore des mariages. La sœur d'une des interprètes avait invité des journalistes à celui de sa sœur.

La vie commence à ralentir dès 14 heures : les cafés ferment, les quelques terrasses se vident. A 16 heures, les derniers bus s'arrêtent. Et les habitants se couchent. Que voulez-vous qu'ils fassent d'autre sans électricité et sans bougies ? C'est à la nuit tombée que Sarajevo offre son aspect le plus saisissant. Les immeubles privés du plus petit lumignon forment une masse d'un noir minéral. On se croirait au fond d'une mine de charbon. Il faut lever la tête et apercevoir les étoiles pour réaliser qu'on est à l'air libre. De temps à autre, le pinceau bref des phares d'une voiture s'éteint aussitôt pour ne pas alerter les snipers ou les serveurs de mortier. Les véhicules sont rares : police, journalistes, ambulances, pompiers. Toute une vie souterraine s'organise dans les sous-sols. A l'abri du béton.

Lorsqu'on s'endort au son des rafales de mitrailleuses, on se demande comment les 400 000 habitants de Sarajevo ont pu survivre jusqu'ici. Il y a plusieurs raisons à ce miracle. D'abord, la ville disposait de stocks importants qui ont été augmentés les premiers jours du siège. Ensuite, l'aide humanitaire a permis l'acheminement de plusieurs milliers de tonnes de nourriture et de produits de première nécessité. Enfin, l'encerclement serbe n'est pas étanche à 100 %. Il existe une filière qui permet de faire entrer en ville de la farine, du fuel, de la bière et même du papier pour imprimer le quotidien. Quelques médicaments aussi, selon mes informations. Cette filière passe par Ilidza (serbe) et Stup, faubourg tenu par les deux camps. Il s'agit d'un accord entre le pope orthodoxe d'Ilidza et le curé catholique de Stup.

Moyennant une dîme importante prélevée par les Serbes, ceux-ci laissent entrer une certaine quantité de marchandises dans la ville assiégée. Car les Serbes ont aussi besoin de produits de première nécessité. Ils ont souvent proposé au HCR[1] de laisser passer les convois humanitaires en en prélevant 20 %, mais le HCR a toujours vertueusement refusé. Malgré ce filet de ravitaillement qui représente environ 10 % des besoins de la ville, la situation n'a cessé d'empirer. Mais même si 25 % des enfants souffrent de malnutrition, si les adultes sont amaigris, affaiblis et souffrent de nombreux maux, ce n'est pas la Somalie. Pas encore.

Les Serbes, avec la complicité passive du monde civilisé, ont bien l'intention de briser la résistance de Sarajevo dans les semaines qui viennent, grâce à l'hiver et à ses conséquences. Ils ne veulent aucunement prendre la ville, mais liquider une grande partie de ses habitants par la faim et le froid. Si l'étau qui entoure Sarajevo n'est pas desserré, un responsable de la Santé m'a confirmé qu'il faudrait s'attendre à 100 000 morts, dont 25 000 enfants d'ici quelques mois. Privés d'eau, d'électricité, de médicaments, de nourriture en quantité suffisante et de chauffage, les habitants de Sarajevo vont mourir comme des mouches. Ces appartements dévastés, sans fenêtres, vont devenir sous le froid qui est en train de s'abattre sur Sarajevo, des mouroirs. Chaque fois qu'un obus fait exploser des centaines de vitres par son souffle, il condamne des gens à mourir de froid. Il ne faut pas oublier que Sarajevo est une station de sports d'hiver. De novembre à mars, la température descend bien au-dessous de zéro et il y neige. Déjà, en ce moment, il tombe une pluie glaciale, le froid s'installe et le brouillard ne se lève que vers midi.

Sarajevo a vécu en partie sur ses réserves. Celles-ci sont

1. Haut Commissariat des Nations Unies pour les Réfugiés.

épuisées. Le numéro 2 du HCR, un jeune canadien installé au PTT Building[1] m'a déclaré :

— Pour nourrir Sarajevo, j'ai besoin chaque jour de 220 tonnes de vivres. A cela, il faut ajouter les médicaments, les couvertures et éventuellement du combustible. Pour l'instant, nous parvenons, par la route, à acheminer 40 à 50 tonnes, c'est-à-dire 50 % de nos besoins. Si le pont aérien ne reprend pas, il sera impossible de nourrir Sarajevo dans les mois qui viennent.

Ce que ne m'a pas dit cet « onusien », mais que j'ai pu vérifier par moi-même en interrogeant des chauffeurs de poids lourds à Split, la base arrière de toute l'opération, c'est que bientôt, les convois d'aide humanitaire ne pourront plus atteindre Sarajevo. Pas à cause des Serbes, mais à cause des conditions climatiques.

La route normale pour aller de Split à Sarajevo passe par la ville de Mostar et remonte le long de la rivière Rakitniça. Elle est goudronnée et en excellent état. Seulement, les convois ne peuvent pas l'emprunter : les Serbes occupent les collines au nord-est de Mostar et la tiennent sous le feu de leurs mortiers. Pour m'être fait « allumer » moi-même, je peux le certifier.

L'aide humanitaire emprunte donc un itinéraire « bis ». Split, Grude, Listic. De Listic à Jablanica, il s'agit d'une piste rocailleuse en pleine montagne, impraticable dès les premières pluies. De Jablanica à Konjic, il n'y a qu'un tronçon de route goudronnée, et ensuite une horreur de piste qui coupe à travers les montagnes jusqu'à Kiseljak afin de rester hors de portée des canons serbes. Dès la mi-novembre, au plus tard, ces deux pistes ne seront plus utilisables par les camions de l'aide humanitaire.

Il reste le pont aérien. Mais il faut bien savoir que depuis qu'il existe, l'aéroport de Sarajevo a toujours été fermé soixante jours pendant l'hiver. Pas toujours consécutifs,

1. Postes et Télécommunications et Télédiffusion, Télégraphes et Téléphones.

mais cela fait deux mois de fermeture sur quatre. Au début du conflit, Sarajevo Airport ne comportait aucun système d'atterrissage IFR (aux instruments), ce qui le rendait caduc, le brouillard restant épais jusqu'à midi. Un calcul simple : les plus gros appareils du pont aérien sont des Hercules C-130 qui prennent dix tonnes de charge. Il en faut donc environ vingt-cinq par jour. Par beau temps, cela ne pose aucun problème. Pendant la période où le pont aérien a fonctionné à plein, il atterrissait jusqu'à vingt-huit appareils toutes les vingt-quatre heures. L'équipe du colonel Beaudru, responsable de la tour de contrôle, est bien rodée. Mais les vraies difficultés ont commencé en octobre.

La solution pour ravitailler Sarajevo cet hiver aurait été que les convois puissent emprunter la route normale Split-Mostar-Ilidza-Sarajevo. Seulement, il faut que les Serbes soient d'accord. Ou qu'on les y force. Mais on s'est heurté à un nouveau blocage. Il est évident que pour toute action armée (et le passage en force des convois humanitaires en est une) il faut l'accord des Nations Unies. Cet accord existe sur le papier, puisque la Forpronu a été autorisée à employer la force, le 13 août dernier... mais on ne l'a jamais mise en application.

Ce qui se passe à Sarajevo est de toute évidence un crime contre l'humanité et un génocide lent. L'ignorer, et donc laisser mourir des dizaines de milliers d'innocents, ne peut pas ne pas avoir de conséquences, ne serait-ce que sur la construction de l'Europe. N'en déplaise aux diplomates du quai d'Orsay qui choisissent souvent très mal leurs amis. On se souvient de leur soutien sans faille au colonel Kadhafi. Les responsables politiques serbes sont des criminels. On a pendu des gens à Nuremberg en 1946 pour des crimes qu'eux-mêmes commettent aujourd'hui. Or, la Serbie n'est pas la puissance militaire de l'Allemagne nazie. D'ailleurs, il ne s'agissait pas de faire la guerre à la Serbie, ni à aucun autre pays. Il fallait seulement libérer 400 000 otages, pour l'immense majorité civils, femmes et enfants, dont le seul délit est de vouloir continuer à habiter leur ville et de ne pas être Serbes.

Même si rompre le siège de Sarajevo ne solutionnait pas le problème de la Bosnie-Herzégovine, c'était le minimum que les nations civilisées devaient faire pour continuer à se regarder dans une glace.

Dès qu'on a parlé de forces, le blocus a vu surgir les experts militaires qui ont sorti de leurs calculettes des prévisions apocalyptiques. Je me permets de rappeler que ce sont les mêmes qui avaient prévu un bain de sang pour les forces alliées pendant la guerre du Golfe qui n'a heureusement fait qu'une trentaine de morts, Américains et alliés. Sans avoir fait l'école de guerre, je crois que l'ouverture de la route de Sarajevo n'est pas la prise de Stalingrad. Quelques bataillons de troupes aguerries comme la Légion Etrangère, des hélicoptères de combat et, éventuellement l'intervention d'avions d'attaque au sol devraient suffire à calmer les ardeurs guerrières des Serbes.

Le Clémenceau qui fait des ronds dans l'eau à dix minutes de vol de Sarajevo avec ses Super-Étendard, les porte-avions britanniques et américains qui disposent de plus de deux cents appareils de combat pourraient très bien faire l'affaire.

Mais toute intervention n'aurait aucune conséquence durable si cette action n'était accompagnée d'un sérieux avertissement à messieurs Milosevic et Karadzic.

Seulement, personne n'a voulu ou n'a osé se lancer dans une opération militaire. L'ONU s'est défaussée sur l'OTAN qui s'est défaussée à son tour sur l'Europe, dont les différents pays n'ont pu se mettre d'accord. Les Français auraient bien accepté d'intervenir, mais leurs troupes ne sont pas assez armées. Ce n'est pas un prétexte. Les VAB[1] de la Forpronu disposent au maximum de canons de 20 mm et de quelques lance-roquettes. Avec cela, ils sont bien incapables de tenir tête aux chars T-62 déployés par les

---

1. Véhicules de l'Avant-Blindé.

Serbes tout autour de Sarajevo. Sans parler de l'artillerie lourde qui peut à tout moment pilonner l'aéroport, le rendant impraticable en quelques minutes.

Or, si l'aéroport est mis hors service, Sarajevo est asphyxié en quelques jours.

Alors, les responsables de la Forpronu, une fois de plus, ont mangé leur chapeau et se sont inclinés devant les Serbes. On a installé au plus vite un équipement d'atterrissage sans visibilité, et, bien qu'il n'ait jamais pu être étalonné, les pilotes des Hercules qui constituent le plus gros du pont aérien ont fait des miracles, prenant des risques insensés, afin d'acheminer le minimum de vivres pour que les habitants de Sarajevo ne meurent pas de faim.

Ce qu'on ne dit pas, c'est que ce ravitaillement acheminé si difficilement, sert aussi aux Serbes. Lorsqu'on pose la question aux organisateurs, ils répondent vertueusement que les Serbes n'ont pas le droit de toucher à l'aide alimentaire de l'ONU. Mais cela ne les empêche pas de prélever systématiquement environ le tiers de toutes les marchandises qui arrivent à Sarajevo. Lorsque les conducteurs refusent de les laisser faire, la sanction est immédiate : sous la menace des canons de chars, ils font faire demi-tour aux camions. Or, la Forpronu n'a pas le choix. Pour parvenir à Sarajevo, à partir de l'aéroport, il n'y a qu'une route et elle passe par Stup, faubourg tenu par les Serbes. Pour les convois routiers, le problème est le même. S'ils viennent de Split ou de Travnik, ils aboutissent à Kiselyak, dernière ville musulmane et ensuite, il faut traverser Ilidza, tenu par les Serbes, dont les dernières maisons se trouvent au bout de la piste de l'aéroport.

Là aussi, tout passe, grâce au prélèvement de la dîme.

C'est à Ilidza que j'ai vu à la ceinture d'un milicien particulièrement aviné un instrument à vous faire froid dans le dos. On aurait dit une fourchette avec deux dents très longues et très écartées : une sorte de fourchette à huître géante, dont les branches se seraient terminées par des spatules aux bords aiguisés.

Un journaliste, vieux routier de la Bosnie, m'a expliqué à quoi cela servait — c'est pour arracher les yeux des Musulmans prisonniers, m'a-t-il avoué. Cela permet de gagner du temps.

La purification ethnique n'empêche pas les petites distractions... Il est vrai que de nombreux cadavres, découverts dans des charniers situés en zone serbe, présentaient des orbites vides... La méthode rejoint celle des viols systématiques. Il faut tuer l'adversaire, mais surtout le dégoûter, lui ôter toute envie de résister.

Pour en revenir au ravitaillement de Sarajevo, c'est un casse-tête quotidien. Car en plus de la nourriture, il faut du fuel, du papier pour l'unique journal qui continue encore à paraître, des médicaments, des couvertures.

Tout cela prend de la place.

En réalité on pourrait partiellement évacuer Sarajevo. Les Serbes sont d'accord, évidemment. Puisque cela leur éviterait de combattre. Une fois la ville vidée de ses habitants, ils n'auraient plus qu'à y pénétrer et à la proclamer capitale du nouvel État serbe de Bosnie. Aussi, le gouvernement d'Ilya Itzabegovic refuse-t-il obstinément de laisser partir ses habitants à l'exception de quelques vieillards, enfants, ou blessés graves. Des hommes comme le professeur Alain Deloche de « Médecins du monde » vont régulièrement, au risque de leur vie, chercher des enfants dans les sous-sols des hôpitaux de Sarajevo, pour les transférer en France où ils pourront être opérés.

Mais c'est une goutte d'eau dans la mer.

Surtout maintenant que les hostilités risquent de se prolonger indéfiniment. D'abord, parce que les différentes parties en présence reçoivent largement de quoi tenir le choc. Les Serbes, par exemple, fabriquent une partie de leur matériel de guerre et ce qu'ils n'ont pas, on leur envoie de l'ex-Union Soviétique. Les Russes ne cachent pas leur sympathie pour leurs « frères » slaves et orthodoxes comme eux. Des dizaines de péniches descendent le Danube, chargées d'armes et de fuel.

Lorsque l'ONU a menacé d'interrompre ce trafic, les Serbes ont annoncé qu'ils allaient faire sauter les péniches de fuel au beau milieu du Danube, provoquant ainsi une immense catastrophe écologique.

Alors, tout le monde a fermé les yeux et le ravitaillement a continué à passer.

Le deuxième trou dans l'embargo vient de la Grèce. Celle-ci, en grande partie à cause du problème macédonien, ne veut pas froisser les Serbes. Donc, ses frontières sont éminemment perméables dans les deux sens.

L'essence raffinée ainsi que des produits alimentaires, des composants électroniques, bref, tout ce dont les Serbes ont besoin pour continuer leur guerre, arrive de Grèce par camion.

Mieux : c'est à travers la Grèce, que la Serbie, pays sous embargo, expédie des armes vers un autre pays sous embargo également, la Somalie ! Récemment, on a repéré un cargo bourré d'armes légères et de munitions à destination de Mogadiscio. Les armes avaient été chargées à Athènes, mais venaient des arsenaux serbes. Bonne façon de se faire des dollars et des amis.

De leur côté, les Croates se sont constitués une petite armée, certes modeste, mais qui commence à représenter une force certaine. Ils ont acheté des armes sur le marché « libre », essentiellement dans les ex-pays de l'Est et désormais ils ne manquent que de matériel lourd.

Ce sont évidemment les Musulmans bosniaques qui possèdent le moins de moyens. Pris en tenaille entre la Serbie et la Croatie qui n'est pas vraiment leur alliée, ils ne reçoivent du matériel qu'au compte-gouttes et à des prix prohibitifs, les Croates prélevant leur part au passage. Les Turcs leur font quelques parachutages, les convois amènent des munitions jusqu'à Sarajevo, par la montagne, mais cela ne va pas loin. A aucun moment, ils n'ont été en mesure de rompre militairement l'encerclement de Sarajevo. Il faudrait des chars, des canons et beaucoup de munitions.

Deux pays, pourtant, les aident énormément, surtout financièrement. L'Arabie Saoudite et l'Iran.

Ce dernier a réussi l'année dernière à mélanger du matériel militaire aux colis de l'aide humanitaire qui arrivaient toutes les semaines à Zagreb, en provenance de Téhéran. Seulement, les Croates ont fini par y mettre bon ordre et maintenant, rien ne passe plus.

Il reste encore le port de Split, plus difficile à surveiller, mais toujours en zone croate. A force de bakchich, les Bosniaques arrivent à satisfaire l'essentiel de leurs besoins, mais toujours sans équipement lourd. Ce qui fait que Sarajevo continue à mourir à petit feu. On se demande vraiment comment les habitants terrés dans des logements sans chauffage, se nourrissant de riz et de pâtes pour l'essentiel, obligés de risquer leur vie tous les jours pour aller à la distribution de pain ou se rendre à un point d'eau, tiennent encore le coup.

Depuis peu, s'est établie une « navette » clandestine de ravitaillement, à travers l'aéroport. En effet, la piste et les bâtiments de l'aérogare se trouvent pris entre deux villages : Dobrinja, moitié serbe, moitié bosniaque, et Butmir, adossé aux monts Ingman, contrôlés par les Bosniaques. Alors, la nuit, des habitants de Dobrinja traversent la piste, au risque de se faire abattre par des snipers serbes équipés de lunettes infrarouges, pour aller chercher de la nourriture à Butmir et revenir ensuite.

C'est sûrement la façon la plus dangereuse du monde de faire son marché. Les « casques bleus » français, après avoir tenté d'enrayer cet exode, ont fini par fermer les yeux. S'ils appliquaient à la lettre les règlements inhumains de l'ONU, ils auraient honte.

Mais voilà ce qui vous fait vraiment bondir lorsque vous avez été à Sarajevo ou ailleurs en Bosnie, lorsque vous avez vu les villages systématiquement brûlés ou écouté les récits d'horreur des survivants, échappés aux milices serbes : c'est le consensus implicite mais extrêmement solide qui permet aux Serbes de continuer et de terminer leur purification ethnique. De là, les gesticulations politico-médiatiques de tous les dirigeants de la planète. De Roland Dumas, prêt à aller « libérer » les camps de prisonniers tout seul, au président Clinton, assurant que dès son élection, il mettrait les Serbes au pas. Il a été élu et les Serbes continuent joyeusement leurs massacres et occupent toujours les territoires qu'ils revendiquent. A ce sujet, la pantalonnade des parachutages aux foyers de résistance musulmans, isolés en zone serbe, vaut le détour.

Parachuter de nuit, d'une altitude de 4 000 mètres, des containers de vivres remplis de porc, à une population musulmane ressemble à un rêve sadique. Bien entendu, la plupart des containers se sont égarés ou sont aux mains des Serbes. Ceux qui sont tombés dans le no man's land ont permis aux snipers serbes de faire quelques cartons sur les affamés, sans avoir à se déplacer.

Et aucune voix officielle ne s'est élevée pour protester ! Même pas celle du président Itzabegovic dont les Américains se moquaient pourtant ouvertement... Pour faire passer la pilule, l'ineffable Boutros Boutros-Ghali (on dirait un personnage de bande dessinée) a déclaré d'un air martial et pour la quarantième fois que si les Serbes n'arrêtaient pas la purification ethnique, des sanctions seraient prises.

Les Serbes lui ont ri au nez, les obus ont continué à tomber et tout est rentré dans l'ordre.

Le brave général Morillon, dépourvu de tout pouvoir réel, a fait de son mieux en se rendant dans les zones serbes fraîchement libérées. « Circulez, il n'y a rien à voir », lui ont dit en résumé les Serbes, avant de le remettre dans son hélicoptère.

Il serait d'ailleurs injuste de s'en prendre aux militaires qui ne font qu'obéir aux ordres. On a prévu pour la Bosnie une force d'intervention ridiculement faible, incapable de s'interposer et de se faire respecter. Pas d'armement lourd, pas de blindés, pas d'hélicoptères de combat et pas d'aviation. Ce n'est pas par hasard. Tout le monde a traîné des pieds avant d'envoyer des troupes. Il n'y a jamais eu de volonté politique de la part des Américains comme lors de la guerre du Golfe. Certes, ils avaient surévalué les forces irakiennes, mais ils étaient prêts à se battre et ils se sont battus.

Rien de tel en Bosnie.

S'il en était besoin les résolutions de l'ONU apporteraient une justification légale au passage en force des convois de ravitaillement. Seulement, ce passage en force suppose une complète réévaluation des moyens, l'envoi de nouvelles troupes et surtout d'un armement important. Parce que les Serbes ne sont pas prêts à se laisser faire.

Pourquoi le seraient-ils ?

Depuis le début, ils ont ridiculisé la Forpronu et l'ONU, en pillant ses convois, en pratiquant la « purification ethnique » au su des troupes supposées l'empêcher, en s'opposant à l'évacuation des blessés et en mentant effrontément.

Le point d'orgue a été évidemment l'assassinat d'un ministre bosniaque, entre l'aéroport de Sarajevo et la ville. A l'intérieur même du VAB de la Forpronu qui le transportait ! Une fois que ses occupants eurent ouvert aux Serbes, par méconnaissance des consignes, les portes arrière du véhicule lors d'un barrage volant... Outrage absolu aux Nations Unies qui, bien entendu, n'a été suivi d'aucune sanction, sinon quelques remarques verbales relativement modérées.

La vérité est que personne parmi tous les hommes politiques qui se drapent dans la déclaration des Droits de l'Homme, ne veut affronter les Serbes. Pour des raisons variées dont certaines sont tout à fait valables. Seulement nul n'ose le dire, alors on multiplie les coups médiatiques, les déclarations fracassantes, les anathèmes et les menaces à l'égard des Serbes. On réunit conférence sur conférence, on nomme des médiateurs ou ils se nomment eux-mêmes, pour s'interposer entre des gens qui n'ont aucune envie de faire la paix.

Les Serbes, on les comprend : ils sont en train de gagner leur guerre d'usure, de grignoter peu à peu les territoires qu'ils se sont fixés.

Les Musulmans bosniaques eux, s'acharnent pour des raisons qui ne sont pas toutes publiques. La première relève du simple bon sens. Les Nations Unies ont reconnu la Bosnie dans ses anciennes frontières. La loi internationale, garantissant ces frontières, met le droit de leur côté... Ils ont juridiquement raison mais politiquement tort, n'ayant pas encore compris que là où il n'y a pas de volonté politique, le Droit n'a plus qu'à s'effacer. Les Palestiniens en savent quelque chose. Depuis vingt-cinq ans environ, les résolutions des Nations Unies condamnant Israël sont tellement nombreuses qu'on pourrait en faire un livre gros comme l'annuaire du téléphone.

Les gouvernements israéliens successifs se sont assis dessus avec la même placidité et cela n'est pas près de changer. Pour une raison très simple. Qui va venir se frotter à Tsahal, l'armée israélienne, pour faire respecter ces résolutions ?

Personne, bien évidemment.

Mais il y a d'autres motifs, moins avouables ceux-là. Si le gouvernement Itzabegovic s'accroche avec autant de vigueur à Sarajevo et aux petits morceaux de Bosnie qui lui restent, c'est qu'il y est poussé par ses alliés musulmans, surtout les Iraniens.

En effet, ceux-ci, qui avaient ignoré depuis cinq cents ans la présence de Musulmans au cœur de l'Europe, ont volé au secours des Bosniaques, les encourageant à une résistance désespérée, au détriment, comme toujours, de la population civile.

Pourquoi ?

Tout simplement parce que les Iraniens entrevoient la possibilité de créer une république islamique au cœur de l'Europe. Cela vaut bien quelques morts, même musulmans. Allah reconnaîtra les siens...

Le but de l'Iran est pratiquement le même que celui des

Serbes. Laisser la purification ethnique continuer, n'abandonnant que quelques lambeaux de territoires aux Bosniaques, sans accès à la mer, sans richesse, sans rien. Juste un immense camp de réfugiés d'un million et demi de personnes. Désespérées et avides de vengeance. En comparaison, la bande de Gaza fera figure de paisible villégiature. Chauffés à blanc, les malheureux Musulmans bosniaques feront d'excellents propagandistes et, pourquoi pas, de parfaits terroristes.

Il faut comprendre que la Troisième Guerre mondiale est déjà déclarée. Elle se joue entre le monde occidental, d'une part, et l'Islam activiste, d'autre part. Or, l'Iran est actuellement le fer de lance de cet Islam activiste qui déploie ses tentacules partout. Du Soudan, il essaie de polluer l'Afrique. D'Égypte, il pénètre le monde occidental. D'Algérie, il tente de faire basculer le Maghreb. Demain, de Yougoslavie, il peut créer un foyer d'infection, difficile à éteindre : il est toujours plus facile d'ouvrir des camps de réfugiés que de les fermer.

Déjà, à Sarajevo, j'ai pu relever quelques indices. Jusqu'à l'année dernière, la religion islamique pratiquée à Sarajevo était très « cool ». Tout le monde buvait de l'alcool, les femmes étaient assez libres, les mosquées n'étaient pas bondées et les Musulmans ne portaient pas leur religion en bandoulière. On appliquait le Coran à Sarajevo un peu comme nous pratiquons le catéchisme en France...

Or, j'ai croisé quelques femmes voilées dans les rues désertes de Sarajevo. Cela, c'est nouveau. J'ai vu des inscriptions, encore naïves, mais révélatrices, sur des murs, dans des cages d'escalier : « Fuck the East, Fuck the West, Allah is the Best »[1]. Chaque vendredi, les mosquées ne désemplissent pas. Il y a des Iraniens un peu partout autour de Sarajevo et même dans les milieux très proches de la présidence.

---

1. Que l'Est et l'Ouest aillent se faire foutre. Allah est le meilleur.

Prêchant la guerre sainte. Le Djihad.

Les gouvernements occidentaux savent tout cela, mais se voilent la face. Parce que pour arrêter le processus en cours, il faudrait un tel effort militaire et politique que personne ne s'en soucie. Ils attendent le moment béni où les Serbes, ayant atteint tous leurs objectifs, mettront le masque de la modération et proposeront la paix. Il n'y aura plus pour l'ONU qu'à déployer ses « casques bleus » afin de garantir aux Serbes la pérennité de leurs conquêtes.

Tout le monde poussera un « ouf » de soulagement et les Iraniens se frotteront les mains. Parce que, alors, les vrais problèmes commenceront.

Pendant ce temps, les gens meurent à Sarajevo, surtout des civils. Il serait temps que les politiciens qui brandissent les Droits de l'Homme à tout bout de champ, réalisent que dans cette affaire, la Morale rejoint l'Utile.

Qu'il est temps de faire face, quitte à prendre des responsabilités dangereuses. On a envie de leur rappeler le mot de Churchill, prononcé après la capitulation de Munich, en 1938, et fustigeant les politiques de l'époque :

« Vous avez voulu éviter la guerre en vous déshonorant. Eh bien vous aurez le déshonneur et la guerre. »

Les héroïques habitants de cette ville martyre ne connaissent pas tous le nom de Churchill, mais ils se conduisent comme s'ils étaient les fils spirituels du « Vieux Lion ». Lorsqu'on revient de Sarajevo, on voudrait paraphraser John Kennedy, qui, lors de sa visite à Berlin coupé en deux par « le Mur de la honte », avait lancé aux Berlinois : « Ich bin ein Berliner ». Si le monde disait aux Serbes : « Nous sommes tous des habitants de Sarajevo » et le prouvait, bien des morts seraient évités.

7

BRUNEI

La vie sans joie de l'homme le plus riche du monde

Lorsqu'on débarque du vol bihebdomadaire Bangkok-Brunei, on a la chemise collée au corps par la transpiration le temps de franchir les cent mètres jusqu'à l'aérogare. Le sultan Hassanal Bolkiah, qui règne sur ce confetti de jungle équatoriale, au nord-est de l'île de Bornéo a beau posséder, au dernier recensement du magazine « Fortune », le modeste pécule de trente-sept milliards de dollars, il n'a pas encore réussi à changer le climat de son sultanat.

Or, c'est un climat atroce. Il pleut pratiquement tous les jours, le ciel est lourd, bas, grisâtre et oppressant, la mousson dure au minimum six mois les années fastes et il est impossible de survivre sans climatisation dans cette chaleur de sauna. Un « expatrié » à qui je demandais : « Quand est la bonne saison ? », me répondit : « Il n'y a pas de bonne saison. Il y a seulement la mauvaise et la très mauvaise. »

La seconde impression de Brunei est meilleure : c'est l'aérogare. On a envie de dire la clinique tant elle est rutilante. Une escouade de femmes de ménage, foulard sur la tête, s'échinent à balayer un dallage qui n'a pourtant jamais connu la poussière. Tout est nickel, brillant, astiqué, on peut se mirer dans les chaussures des Gurkhas[1] à la farouche moustache en croc qui veillent discrètement à la

---

1. Troupes d'élite britanniques.

sécurité de ce minuscule État. Un caprice de la nature : une éponge imbibée de pétrole et de gaz naturel, coincée entre l'immense jungle de Bornéo et la mer de Chine du Sud.

Tout le sultanat, scindé en deux morceaux, fait à peine la superficie du département du Tarn, dont 79 % de jungle. En dix minutes d'autoroute flambant neuve et déserte, j'ai atteint la capitale et unique ville de Brunei, Bandar Seri Begawan où niche la moitié de la population du sultanat. Sous ce vocable étrange se cache une petite agglomération proprette aux buildings modernes sans imagination, semée de parcs innombrables, de banques et de mosquées. Allongée le long de la Brunei River — en réalité un bras de mer long de vingt kilomètres qui se termine en marécage dans la jungle — on dirait une petite ville coloniale lavée et relavée par les interminables moussons.

Le seul hôtel, un Sheraton décrépi, décapé par les pluies tropicales, aux dimensions plus que modestes, ferait honte à la banlieue de Cincinnati. A part ces quelques immeubles modernes, il n'y a que des « kampongs », comme partout en Malaisie, ces maisons de bois au toit de tôle dont les pilotis s'enfoncent dans les eaux limoneuses de la Brunei River.

Les statistiques ont beau prétendre que le revenu par habitant dépasse celui du Japon, je n'ai pas eu l'impression que les Brunéiens croulaient sous l'or et les diamants.

La visite du sultanat est vite faite : du « Kampong Ayer », bidonville sur pilotis s'étendant sur les rives de la Brunei River à Muara, le port du Nord, c'est le même spectacle. Quelques villas modernes et une immense majorité de maisons malaises, soit au bord de l'eau, soit dans la jungle. Bien sûr, les Brunéiens ne paient pas d'impôts, leur éducation et leurs soins médicaux sont gratuits et il peuvent s'acheter hors douane pratiquement tout. En plus, chacun a droit, une fois dans sa vie, à un pèlerinage gratuit à la Mecque.

Mais on pense plus à Bangkok qu'à l'Eldorado. Les « River coaches » pétaradent sur l'eau jaunâtre, les antennes de télévision foisonnent, mais aucun Français, même de condition modeste, n'accepterait de vivre dans un des « kampongs » de ces milliardaires sans le savoir.

La première impression que l'on retire de cette petite capitale cernée par la jungle est une grande tristesse, une sorte de somnolence. Les feux de signalisation sont aussi longs qu'à Zurich, il n'y a aucune boutique de luxe, pas d'endroits gais, pas de cafés, de night-clubs, peu de restaurants. Une minuscule oasis de vie coincée entre l'immense jungle de Bornéo, impénétrable, s'étendant à perte de vue et la mer de Chine, guère plus hospitalière.

Et puis on découvre, au détour d'une avenue, une somptueuse coupole en or massif dominant une forêt de toits en tôle ondulée. Un classique bidonville malais — le Kampong Ayer — dont les habitants ont une vue imprenable sur la somptueuse mosquée du sultan Omar, père de l'actuel tenant du titre. Premier signe tangible de la richesse de Brunei.

Il faut parcourir deux kilomètres de plus pour apercevoir le saint des saints, la matérialisation des trente-sept milliards de dollars : le palais de Sa Majesté Paduka Seri Baginda Haij Hassanal Bolkiah Mu'izzaddin Waddaulah, 29e sultan de la dynastie, maître absolu et propriétaire de Brunei.

Pour simplifier, appelons-le Hassanal Bolkiah.

Son palais est fou : vingt hectares de toits à la thaïlandaise, relevés au bout, en tuiles dorées, dominés par la coupole énorme d'une mosquée incluse dans le palais, en or massif. L'ensemble compte 1 876 pièces, toutes au sol de marbre, et un garage pour sept cents voitures !

C'est là que vit l'homme le plus riche du monde. Ses sujets ne l'aperçoivent qu'une ou deux fois par an.

Le reste du temps, il vit en réclusion presque complète, allant de son palais à ceux de ses deux épouses, ou au Country Club de Jarulong où il joue au polo et assiste à quelques réceptions pour des invités triés sur le volet.

Il est apparu en public, le mois dernier, pour célébrer le

25ᵉ anniversaire de son accession au trône, porté dans les rues de Bandar Seri Begawan sur un palanquin à traction humaine, un « usungan », avançant au pas lent de cinquante serviteurs musclés. Sous le costume d'apparat, véritable carapace d'or, un homme frêle, au visage grave et aux oreilles décollées, le sourire timide sous une moustache bien taillée, l'air un peu perdu, comme s'il avait vaguement honte de se trouver dans ce rôle d'anachronisme vivant.

Il faut dire qu'il a fallu une sacrée suite d'heureux concours de circonstances pour qu'Hassanal Bolkiah soit assis aujourd'hui sur ce colossal tas d'or qui enfle tous les jours.

Il y a environ six cents ans, les ancêtres de sa dynastie contrôlaient toute l'île de Bornéo — quatre cents fois grande comme le sultanat actuel — plus l'archipel des Célèbes et la grande île de Luzon, aux Philippines... Ce sont les Arabes qui ont installé le premier sultanat de Brunei en 1341, d'où la persistance de la religion musulmane. L'empire commença à se disloquer vers le XVIIᵉ siècle, avec l'arrivée des Hollandais, des Anglais et des Espagnols, installant à tour de bras des comptoirs et dépouillant les roitelets locaux.

Affolé, le sultan d'alors fit appel, pour sauver les lambeaux de son empire, à un aventurier britannique, un certain James Brooke surnommé le « rajah blanc » qui avait pris le pouvoir à Sarawak, territoire jouxtant l'actuel sultanat, devenu depuis partie intégrante de la Malaysia. James Brooke, sorte de Lawrence d'Arabie local, daigna accorder sa protection au sultan de Brunei, tout en le dépouillant joyeusement de la plupart de ses territoires. Du grand empire de l'Insulinde, il ne resta plus que les deux petites enclaves blotties au nord-est de l'immense et impénétrable jungle de Bornéo qui forment aujourd'hui le sultanat de Brunei.

Pourtant, avec le recul du temps, il s'avère que la décision de faire appel à James Brooke fut un coup de génie pour la dynastie des Bolkiah. En effet, grâce à ses relations privilégiées avec James Brooke, aventurier certes, mais sujet de la très gracieuse reine Victoria, Brunei, au lieu d'être annexé par ses puissants voisins malais et indonésiens, devint en 1888 officiellement protectorat anglais.

Ce qui le mit à l'abri de la convoitise de la Malaisie et de l'Indonésie. A l'époque, le Royaume-Uni n'était pas un tigre de papier et la protection de l'Union Jack valait celle de Dieu. On n'avait pas encore trouvé de pétrole, mais cela amusait le Lion britannique de faire la nique aux puissances régionales.

Déjà, les Bolkiah avaient de sérieuses raisons de remercier le ciel. Certes, ils ne régnaient plus que sur un placard à balais, mais ils n'avaient été ni empalés ni décapités par leurs charmants voisins, les Dayaks, plus connus comme « chasseurs de têtes ».

La bénédiction de Dieu frappa pour de bon en 1929. La Shell découvrit alors d'immenses réserves pétrolières dans le minuscule sultanat. Jusque-là, les Brunéiens vivaient plutôt misérablement de la pêche et du ramassage du coprah et le palais du sultan était en bois.

L'or commença à couler et ne s'arrêtera plus !

Relayant la volonté d'Allah, le père du sultan actuel eut une intuition de génie en 1959, alors que le monde entier était entraîné par le vent de la décolonisation. Au lieu de réclamer comme tout le monde l'indépendance, il supplia la Couronne britannique de garder Brunei encore un peu dans son giron ! Pour ne pas se faire traiter d'affreux colonisateur, le Royaume-Uni donna au sultan Omar un régime d'autonomie, gardant les Affaires étrangères et la Défense, et en fit un membre à part entière du Commonwealth.

Entre-temps, afin de resserrer les liens d'amitié avec son protecteur, le sultan Omar expédia son fils Hassanal, né en juillet 1946, à l'Académie militaire royale de Sandhurst. Il s'y trouvait lorsque survint le premier avatar de ce parcours sans faute. En 1962, le Ryakat, parti populaire de Brunei, soutenu par l'Indonésie, tenta de renverser le sultan Omar et de prendre le pouvoir.

Dieu merci, l'intervention rapide du 7e bataillon de Gurkhas « duc d'Edimbourg », basé à Singapour, étouffa ce sacrilège dans l'œuf. On coupa quelques têtes, on déporta les autres coupables et le premier geste du sultan Omar, dès le calme revenu, fut d'élever une statue à Winston Churchill afin de manifester sa reconnaissance. Cela en contradiction formelle avec les lois de la religion musulmane qui interdisent toute représentation humaine. Mais si Allah est grand, il est un peu loin, tandis que les Gurkhas britanniques étaient à portée de main, eux.

Cela valait bien une petite entorse au Coran.

Rassuré, le sultan Omar abdiqua en 1967 en faveur de son fils revenu de Grande-Bretagne qui devint ainsi le 29e sultan de Brunei.

A tout hasard, l'état d'urgence fut maintenu. Indéfiniment. Il est toujours en vigueur aujourd'hui, trente ans après ces fâcheux événements. Un record du monde.

Pour renforcer son régime, le sultan instaura « son » parti, avec son idéologie, la « Molem Malay Monarchy », qui prône en résumé que la monarchie absolue est le meilleur régime pour Brunei, créé par la volonté d'Allah. On n'est jamais mieux servi que par soi-même.

Pour verrouiller encore mieux le système, il signa avec la Grande-Bretagne en 1971 un traité d'amitié et de collaboration, maintenant la présence des Gurkhas, officiellement pour la protection des puits de pétrole. La grosse peur de 1962 était oubliée. Pourtant, Hassanal Bolkiah réussit à retarder l'indépendance de Brunei jusqu'en 1984.

Il s'y lança à regret, protégé par un nouvel accord écrit avec la Grande-Bretagne, assurant pour une durée illimitée la présence de sept cents Gurkhas sur le sol brunéien. Afin de décourager préventivement les velléités gloutonnes de voisins envieux et cent fois plus puissants.

Depuis, l'ordre règne à Brunei comme j'ai pu m'en rendre compte, bien que la présence policière soit extrêmement discrète. A première vue, le sultanat évoque plus Disneyland qu'un État totalitaire. Pourtant, Hassanal Bolkiah, échaudé par l'accident de 1962, ne laisse rien au hasard pour continuer à régner sur son pactole.

Considérant, comme il le dit, « qu'Allah a été bon pour lui », il lui rend plus que bien ses largesses.

A Brunei, Dieu est Dieu, nom de Dieu ! On ne badine pas avec la religion.

Le sport national des Brunéiens semble être la lecture du Coran. A n'importe quelle heure, on peut ouvrir la télé, il y a toujours un homme barbu en train de psalmodier des versets du Coran.

Après le palais, le plus bel édifice de Bandar Seri Begawan est la mosquée du sultan Omar Al Saffredi, dont le dôme d'or est presque aussi important que celui du palais. D'ailleurs, les mosquées pullulent, jusque dans les coins les plus reculés de la jungle.

Délicate attention : chaque minaret important comporte un ascenseur afin d'économiser les forces des vieux imams.

Certes, ce n'est pas l'intégrisme : il y a peu de femmes voilées, on ne coupe pas les mains des voleurs en public, on ne lapide même pas les femmes adultères, mais l'emprise de l'Islam est bien présente.

Le seul endroit de Bandar Seri Begawan où j'ai pu me faire servir une vodka, c'est le bar du Sheraton, le « Maillet », nommé ainsi en hommage à la passion du sultan pour le polo. Une grande pancarte derrière le barman annonce : « Il est interdit de servir de l'alcool aux musulmans. » Pas fous, les membres de la jeunesse dorée brunéienne prennent une chambre pour la journée afin d'y consommer une pute importée des Philippines et une bouteille de Johnnie Walker...

Même au Jarudong Country Club, le nec plus ultra de Brunei, il suffit de demander un « orange juice special » pour obtenir un breuvage contenant 90 % de scotch.

Les journées sont rythmées par les appels des muezzins et la vie s'arrête pour chaque prière. Il n'y a pas de police religieuse visible, mais on ne plaisante pas avec la foi chez le sultan.

D'ailleurs, les quarante mille Chinois de Brunei — 20 % de la population — se font tout petits afin qu'on oublie le plus possible leur honteuse condition d'infidèles.

Discrètement, le sultan a ordonné la suppression des coiffeuses pour hommes : le Coran interdit que des femmes touchent la tête d'inconnus. De même, pour être en accord avec la stricte observance des règles de la religion musulmane, les night-clubs et autres discothèques sont défendus, comme les cinémas, aux sujets du monarque. A partir de dix heures du soir, il n'y a plus un chat dans les rues de la capitale.

Ceux qui s'ennuient trop prennent des « River coaches » pour aller passer la soirée à Limbang, en territoire malais. Ces escapades sulfureuses permettent de découvrir le jeu et les « love beauty salons ». Plus l'excellente bière malaise.

La vie n'est guère plus drôle pour les « happy few » qui gravitent dans l'orbite du sultan. Toute l'existence sociale se concentre au Jarudong Country Club pour des dîners guindés où l'on retrouve joueurs de polo étrangers, jolies femmes au statut flou et diplomates morts d'ennui. Tout se termine à vingt-trois heures et les plus audacieux continuent dans des villas des jeux plus pervers.

Le seul Brunéien qui tranche sur la grisaille bien-pensante est un des frères du sultan, Mohamed, ministre de l'Agriculture, ce qui lui laisse quelques loisirs. En effet, pour une poignée de paysans locaux, il y a deux mille fonctionnaires et le plus clair de la viande consommée à Brunei vient d'un ranch australien acheté par le sultan et qui équivaut à deux fois la surface de son pays. Mohamed Bolkiah promène partout son visage plat de mongol, rehaussé d'une moustache en guidon de vélo de course, à la recherche d'aventures féminines. Il conduit sa Ferrari Testarossa à tombeau ouvert et il est de bon ton, lorsqu'on le voit passer, de se jeter dans le fossé et de se prosterner. Pour deux raisons : d'abord afin de ne pas se faire écraser, ensuite, il arrive à Mohamed Bolkiah de s'arrêter, de descendre de voiture et de gifler à toute volée l'audacieux qui ne se serait pas écarté assez vite de sa trajectoire.

Il adore inviter les étrangères de passage dans sa « beach-house » de Jarudong sévèrement gardée par les Gurkhas, car à Brunei il n'y a pas de femmes disponibles : les Malaises restent dans leurs kampongs, les Chinoises se gardent comme de la peste de fréquenter les Malais. Aussi les rares étrangères qui se hasardent sur les plages de Tutong Beach sont-elle fréquemment attaquées par des indigènes en mal d'affection. Pour les sujets de Sa Majesté Hassanal, les putes de Hong-Kong à 15 000 dollars convoquées par certains riches Brunéiens le week-end, sont évidemment hors de portée.

La vie s'écoule ainsi paisiblement, au rythme des moussons, dans ce petit sultanat de conte de fées, sous le rempart du Coran. Elément de tranquillité supplémentaire pour Hassanal Bolkiah : on ne peut accéder à Brunei que par mer ou par air. Sinon, il faudrait une véritable expédition pour traverser la jungle impénétrable de Bornéo. Au cas, improbable, d'une attaque terrestre, il y a le « parapluie » britannique. En plus des 700 Gurkhas armés jusqu'aux dents, la « Special Branch », autrement dit la police secrète, est tenue par un ancien de Scotland Yard entouré d'une trentaine de garçons sûrs, arrachés à coups de livres sterling à des régiments d'élite de la Couronne britannique. Tous ces gens obéissent au doigt et à l'œil au sultan, n'hésitant pas à pousser très loin le sens du devoir.

Il y a quelques années, un Chinois de Singapour avait escroqué la famille Bolkiah dans une ténébreuse affaire d'hôtel deux fois vendu à Singapour. Jamais ce différend ne vint devant la justice. Mais un jour, le coupable singapourien fut retrouvé dans une cabine d'ascenseur de l'hôtel Goodwood à Singapour, cloué à la paroi par un long kriss (poignard) malais qui lui traversait le cœur. Le même « Kriss Si naja » arboré lors des cérémonies officielles par Hassanal Bolkiah. Bien sûr, aucune des personnes mêlées à l'affaire n'eut le front de voir dans ce regrettable accident la main du sultan de Brunei. Mais, depuis, les Chinois qui font du commerce avec le sultanat se montrent d'une honnêteté pointilleuse.

Dès l'arrivée à Brunei, on est mis dans l'ambiance. D'énormes pancartes en anglais, malais et arabe, avertissent que la simple possession de drogue est punie de mort. Ça jette un froid.

Brunei reçoit peu de visiteurs. Le sultan n'encourage pas le tourisme, d'ailleurs, il n'y a rien à voir. Les seuls à se risquer si loin sont les marchands d'armes, mais là non plus, il n'y a pas de miracle à espérer. Les Gurkhas sont déjà très bien armés. De temps à autre, le sultan achète bien quelques babioles, mais c'est surtout pour se faire plaisir. La France a réussi à lui vendre quinze Exocet. Hassanal Bolkiah n'a pas pu résister au plaisir d'en tirer un lui-même sur une vieille carcasse de pétrolier échoué dans la baie de Muara, à partir d'un appareil de la Brunei Air Force. Coût des trois minutes de bonheur : un million de dollars. Un quart d'heure de production pétrolière !

Dans son souci de conserver le pouvoir, Hassanal Bolkiah a mis un atout de taille de son côté : le contrôle politique total du sultanat. A côté de lui, le roi Fahd d'Arabie fait figure de dangereux libéral. En effet, Sir Hassanal Bolkiah, comme le nomment les Britanniques, cumule les fonctions de sultan, de Premier ministre et de ministre de la Défense. Le ministre de l'Agriculture est son frère Mohamed Bolkiah. Jefri, un autre de ses frères, est ministre des Finances. Seul, Safri, parce qu'il bégaye trop, n'occupe aucun poste officiel. Les autres ministères sont tenus par des cousins ou des amis sûrs. Avec une mention spéciale pour le ministre de l'Éducation, Abdul Rahman, un des hommes les plus fidèles du sultan.

En dépit de la manne d'or qui s'abat sans discontinuer sur le sultanat, ce malheureux n'a pas réussi à abaisser le

pourcentage d'analphabètes au-dessous de 45 ...
Brunéiens ont tous le gène de la crétinerie c ..... au corps, ou le sultan ne tient pas vraiment à avoir en face de lui une population éduquée, plus apte à la contestation.

Sur le papier, le sultanat est une monarchie constitutionnelle, un peu comme la Grande-Bretagne. Avec des élections au suffrage universel pour tous les sujets âgés de plus de vingt et un ans.

Il y a eu des élections.

En 1965.

Depuis, aucune date n'a été fixée pour de prochaines élections et c'est un sujet absolument tabou à Brunei. En revanche, il y a un Parlement flambant neuf. Et absolument vide. Il n'a jamais servi et ne servira probablement jamais. Mais on le montre aux visiteurs étrangers qui repartent de Brunei avec le sentiment qu'ils ont visité une vraie démocratie. Un peu comme les prisons modèles qu'on pouvait voir jadis dans les pays de l'Est.

Pour verrouiller le système, l'état de siège, toujours en vigueur depuis 1962, permet de jeter n'importe qui en prison, pour une durée indéterminée et sans l'ombre d'un motif légal.

Afin d'éviter tout fâcheux cas de conscience à un haut fonctionnaire, le « police commissioner » de Brunei — le ministre de l'Intérieur si on veut — est le cousin du sultan.

Les Gurkhas contrôlant les puits de pétrole, la prison, et protégeant le palais, le système est bouclé.

De toute façon, Hassanal Bolkiah est d'une prudence de serpent. Seule, une infime partie de ses trente-sept milliards de dollars est investie à Brunei où il n'y a pas grand-chose à faire d'ailleurs, le pays étant couvert à 79 % par une jungle impénétrable. A part le Memorial Winston Churchill, quelques mosquées, un terminal pétrolier et cent kilomètres de routes, les gros investissements ont été effectués par de l'argent étranger, sous l'affectueuse pression du sultan. Il a obligé la Shell à construire une raffinerie qui assure la totalité des besoins locaux et, ensuite, les

Japonais à lui créer la plus grande usine de liquéfaction de gaz du monde.

Sur le plan de la sécurité, il restait le problème des Chinois. Ils sont près de 40 000 (20 % de la population), tiennent la plupart des commerces et sont présents dans les modestes industries locales, les Brunéiens préférant être fonctionnaires.

Lorsque vous interrogez ces Chinois, ils vous assurent tous officiellement qu'ils sont heureux. Avec un sourire franc et sincère.

Il faut les connaître plus intimement pour obtenir une image moins idyllique. Un Chinois d'origine singapourienne qui jouit d'une situation matérielle confortable (je n'en dirai pas plus pour ne pas lui faire courir de risques) m'a avoué :

— Ici, à Brunei, nous les Chinois, sommes considérés comme des citoyens de race inférieure. Nous n'avons aucun droit. Je vis dans ce pays depuis douze ans et je n'ai jamais pu obtenir un visa de séjour permanent. Autrement dit, si je déplais à un membre de la famille royale, je peux être arrêté instantanément et jeté dans un avion, sans aucune possibilité de protester.

Au premier soupir de plainte, dehors. Même si vous êtes là depuis trois générations. Quant à obtenir la citoyenneté, c'est absolument hors de question. Alors, les Chinois, sagement, font leur pelote, en attendant de retourner chez eux, à Singapour, et rasent les murs. Un peu comme les Juifs dans l'ex-URSS. Seule différence : ils peuvent sortir quand ils le veulent.

Pour couronner le tout, il n'y a pas de presse à Brunei. Uniquement un hebdo quasiment imprimé au Palais, le « Borneo Bulletin ». La subversion ne risque pas de venir de ce côté-là...

Avec une situation aussi verrouillée, on pourrait croire que le 29ᵉ sultan de Brunei dort sur ses deux oreilles. Eh bien, pas du tout ! Hassanal Bolkiah est un homme rongé par l'anxiété et la frustration.

Pour deux raisons.

La première est qu'il ne peut réaliser son rêve le plus cher : réunir les deux lambeaux de jungle, qui constituent le sultanat de Brunei, en un seul morceau. En effet, Brunei se compose, à l'ouest, d'un territoire comportant les « provinces » de Tutong et Belait et, à l'est, de la « province » de Temburong. Ce territoire minuscule est donc scindé en deux parties, séparées par une bande de terre appartenant à la Malaysia. Uniquement de la jungle sans aucune valeur et, de surcroît, inhabitée.

Le sultan a offert des milliards de dollars à la Malaysia pour lui acheter ce « couloir » permettant de faire de Brunei un territoire d'un seul tenant. En vain.

Les Malais considèrent déjà l'existence de Brunei comme une fâcheuse anomalie et n'ont aucune envie de faire plaisir au petit sultan. Même à un prix d'or.

Le second souci de Sir Hassanal Bolkiah est plus grave. Depuis l'invasion du Koweit, il ne dort plus bien. Si l'Indonésie, dont l'île de Bornéo fait partie à 90 %, se montre plus discrète envers lui que Saddam Hussein avec le Koweit, elle n'en pense pas moins. Aux yeux de Djakarta, l'existence de Brunei est une anomalie historique et le territoire du sultanat fait partie de l'Indonésie.

Bien entendu, cette opinion n'est pas officiellement exprimée, mais il suffirait qu'un prochain président indonésien se lance dans une croisade nationaliste pour récupérer Brunei et il serait suivi par toute la population. A ce moment, les sept cents Gurkhas de Sa Majesté seraient un peu juste. Alors, à tout hasard, Hassanal Bolkiah entretient d'excellentes relations avec les États-Unis qui possèdent une ambassade à Brunei.

J'ai rencontré l'ambassadeur, un brave avocat de Boca Raton en Floride, nommé là par la grâce du « spoil system ». Au cours d'une conversation à bâtons rompus, il m'a laissé entendre qu'il ne voyait vraiment pas les GI's débarquer au fin fond de Bornéo pour sauver le petit sultan...

Ce dernier n'a plus qu'à prier en permanence très fort Allah pour que sa bénédiction continue à le protéger, lui et ses trente-sept milliards de dollars.

Après avoir exploré cette face de l'homme le plus riche du monde, j'étais évidemment anxieux de le rencontrer, mais j'ai pourtant failli repartir de Brunei sans y parvenir. En effet, Hassanal Bolkiah ne reçoit personne, ne donne pas d'interview et ne laisse même pas pénétrer les étrangers dans son palais. C'est finalement grâce à l'aide d'un diplomate sympathisant que j'ai pu le contempler en chair et en os. Lors d'une soirée au Jarulong Country Club où certains non-Brunéiens sont invités.

Sir Hassanal Bolkiah est arrivé alors que la centaine d'invités attendaient déjà depuis une bonne heure. Escorté par deux gardes du corps britanniques de la Special Branch, « songkit »[1] noir malais sur la tête, tenue Mao bleue, un sourire lointain sous sa fine moustache. Immédiatement, tous ceux qui se trouvaient dans un rayon de vingt mètres se sont pliés en deux, à embrasser le sol, Brunéiens et étrangers mélangés. Le sultan n'a pas semblé les voir et s'est dirigé vers la table centrale, où il s'est assis. Trente secondes plus tard, tout le monde en faisait autant. A la table du sultan, il n'y avait que des Brunéiens.

Les conversations ont atteint un rythme de croisière, mais tous, hommes et surtout femmes, essayaient, parfois au prix des pires contorsions, de ne pas perdre le souverain des yeux, comme s'ils s'étaient attendus à ce que Sir Hassanal Bolkiah se mette à laper son assiette. Ce dernier uniquement entouré d'hommes, semblait s'ennuyer mortellement.

Ce n'était pas vraiment gai. Pourtant les gens se battent pour être invités à ce genre de réception. En quarante-trois

1. Calot.

minutes exactement, le dîner fut expédié. Le chambellan se leva et claqua dans ses mains. Les invités, mâles et femelles, se dressèrent avec la discipline d'un régiment prussien tandis que le sultan se dirigeait vers le premier étage.

Là, c'était la fête, si l'on peut dire. Un orchestre philippin était installé sur une estrade, au fond d'une grande salle aux murs tapissés de chaises. Dès que le sultan fut sur sa chaise, l'orchestre attaqua une mélodie aussi entraînante qu'une marche funèbre. Les musiciens semblaient si constipés que les fausses notes se succédaient avec des « couacs » retentissants. Droit comme un I sur sa chaise, Sir Hassanal Bolkiah regardait le plafond. Lorsque l'orchestre s'arrêta, il donna le signal des applaudissements. Et cela fut ainsi pendant une demi-heure, sur le même rythme soporifique. Enfin, après un ultime « couac », le sultan se leva, distribua quelques sourires aux invités et disparut, escorté de ses deux gorilles...

Il fallait que je m'estime déjà heureux d'avoir pu l'apercevoir, étant donné son style de vie plus que calme...

Alors, me direz-vous, que fait-il de son immense fortune ?

Eh bien, d'abord, il s'est superbement logé ! Son père, le sultan Omar, n'avait qu'un palais de bois. Le nouveau palais, le Nurul Iman Palace qui s'allonge au bord de la Brunei River, a coûté trois cents millions de dollars. Même avec un dollar à cinq francs, cela fait encore de quoi construire quelques HLM. L'architecte philippin qui l'a conçu, Leandri Locsin, a mis trois ans à le bâtir. On ne peut pas dire que ce soit la huitième merveille du monde avec son style mélangeant allégrement les toits à la thaïlandaise et les bulbes des mosquées. En tout cas, il y a de l'or partout. Le dôme du palais est fait de plaques en or massif qui brillent très joliment dans le soleil couchant, réchauffant le cœur des sujets de Sa Majesté entassés dans le Kampong Ayer, au bord du fleuve, un kilomètre plus loin.

Bien entendu, tous les sols des 1876 pièces sont en

marbre et il n'y a pas une robinetterie de salle de bains qui ne soit en or massif. Dans les chambres où il y a de la moquette, celle-ci est tissée avec des fils d'or...

Les salons d'apparat sont décorés d'énormes vases en cristal de roche pleins de gerbes de roses. Celles-ci sont à l'épreuve du temps. En effet, leurs tiges sont en or massif et les fleurs sont faites de pierres précieuses (saphirs, diamants, rubis, émeraudes) délicatement serties. Pour le vingt-cinquième anniversaire de son accession au trône, il a offert un dîner — assis bien entendu — de cinq mille personnes dans la salle du trône, qui rappelait par sa munificence, les folles excentricités des maharaja du xixe siècle. Ce qui a dû lui poser un petit problème logistique : il a de la vaisselle d'or, mais seulement pour deux mille personnes. A qui a-t-il pu emprunter le complément ?

Chaque lustre gigantesque en baccarat a coûté au moins cent mille dollars.

Après la fête, le sultan s'amusa à laisser tomber par terre des centaines de minuscules fleurs d'or que les invités pouvaient ramasser et mettre dans leur poche...

Le sultan Hassanal Bolkiah aime l'or. Le jaune est sa couleur préférée. A tel point que, lors des réceptions officielles, il est recommandé aux visiteurs de ne pas arborer de vêtements de cette couleur. Cela indisposerait le sultan. D'ailleurs, il est tellement jaloux de ses prérogatives qu'à Brunei, les hommes ont interdiction de porter des bijoux en or...

Délicate attention, la salle du trône en comporte quatre. Cela ne signifie pas qu'Hassanal Bolkiah ait la moindre envie de partager son pouvoir, mais il tient à être en mesure de recevoir d'autres souverains en les mettant au même rang que lui. Probablement pour les impressionner, la salle où il accueille ses augustes visiteurs est encombrée d'objets, tous, plus extraordinaires les uns que les autres : un fusil en or et nacre, spécialement fait à sa demande, une mappemonde entièrement en lapis-lazuli avec les armes de Brunei en diamants, d'un mètre de diamètre.

Pour ne pas déparer, les interrupteurs électriques sont en or, eux aussi.

Évidemment, me direz-vous, Hassanal Bolkiah ne prend pas tous ses repas dans cette salle au plafond de lames d'acajou haut de trente-six mètres. Ses appartements sont légèrement plus modestes. Il s'agit d'un triplex, au cœur du palais où chaque niveau occupe environ six cents mètres carrés. Une misère sur une surface totale de vingt hectares. Ce qui représente environ quatre cents fois la surface d'un très, très grand appartement ! La chambre du sultan comporte un lit de cinq mètres sur cinq, suffisant pour abriter les ébats de tout un harem. Hassanal Bolkiah vivant seul au palais, il doit se contenter de s'y étaler tout seul.

Aucun étranger n'ayant jamais été admis dans ce saint des saints, je dois donc me contenter de vous répéter ce que m'a dit son chambellan. Le sultan possède, autour de sa chambre, une salle de projection de cinéma, une pièce où il entasse ses maquettes, une autre pour ses gadgets et d'innombrables salons où s'entassent les objets « jaunes ». Devant chaque porte menant à son triplex, veille un Gurkha en uniforme vert. Seuls quelques serviteurs très proches ont le droit de pénétrer dans cette zone. D'ailleurs, chaque porte est munie d'un code digital dont les combinaisons ne sont connues que d'une poignée de gens.

Son secrétaire particulier se trouve au bout d'un couloir de cinquante mètres, relié par un téléphone direct. Bien que le sultan n'élève jamais la voix et soit extrêmement poli avec ceux qui l'entourent, chaque fois que le téléphone — doré évidemment — sonne, le secrétaire s'efforce de battre un record olympique le long de l'interminable couloir.

Car il ne faudrait pas croire que Sir Hassanal Bolkiah néglige ses affaires. Certes, il a placé entièrement ses fonds à l'étranger, mais dans ses appartements privés, il existe une pièce pleine d'ordinateurs recensant tous les éléments de sa colossale fortune. En jouant avec, il arrive à savoir à peu près combien il possède.

Je dis « à peu près » parce que, à chaque heure qui passe, il s'enrichit de quatre millions de dollars.

Pourtant, l'argent n'a pas tué les sentiments chez lui. A peine sur le trône, en 1967, il a épousé une cousine au physique plutôt ingrat, une certaine Anak Saleha qui lui a donné cinq filles et un héritier. En 1985, il est tombé amoureux fou de la jeune hôtesse de son Boeing particulier, Duli Yang Teramat Hajjah Mariam. Ravissante et de bonne famille brunéienne. Bien que son épouse légitime se soit fait refaire le nez pour améliorer son physique, elle n'a pu endiguer la passion de son époux. Grâce à la loi coranique, Hassanal Bolkiah a pu épouser Mariam et lui faire quatre enfants dont un fils !

Seulement, cette idylle brûlante lui complique beaucoup la vie. En effet, la nouvelle dulcinée est installée dans un palais tout neuf au bord de la mer de Chine, à Jarudong, à une dizaine de kilomètres du palais du sultan. Ce dernier, fou amoureux, passe son temps à aller lui rendre visite au volant d'une de ses Rolls. Mais, il y a Anak, la première épouse : Hassanal Bolkiah a beau la couvrir littéralement d'or et de bijoux, lui en offrant pour 50 millions de dollars par an, lui avoir aménagé un palais aussi somptueux que le sien, elle surveille avec un soin jaloux son emploi du temps. Il n'est pas question qu'Hassanal passe plus de temps avec sa nouvelle épouse qu'avec elle. Sous peine de scènes horribles.

C'est certainement un des rares pays au monde où, sur les photos officielles épinglées dans chaque lieu public de Brunei, on peut voir un chef d'État poser entre ses deux épouses.

Celle de droite est nettement plus sexy...

Quand on voit ce qu'est Brunei et quand on sait que Hassanal Bolkiah y vit au moins huit mois sur douze, on se demande ce qu'il fait de son temps, en dehors de ses activités sentimentales.

La réponse est sidérante : en dépit de ses moyens illimités, Hassanal Bolkiah ne s'intéresse pas à grand-chose.

Il est resté très gamin, et comme les enfants, il joue au fond de son immense palais. Il possède une douzaine d'orgues électroniques, dont il joue seul, à n'importe quelle heure du jour ou de la nuit. Et puis, c'est un dingue de modèles réduits, des avions ou des hélicoptères télécommandés. Il en a rempli une immense pièce et plusieurs employés du palais travaillent à plein temps pour les maintenir en état de marche.

Il y a aussi les voitures, bien sûr. Les Rolls évidemment. Hassanal Bolkiah en a environ cinquante, dont aucune n'a plus de 150 km au compteur. Étant donné la modestie du réseau routier de Brunei, il ne risque pas de les user. On le croise parfois : sa voiture n'a pas de plaque. Pour se différencier des maharaja indiens qui collectionnaient aussi les Rolls, lui s'en est fait adapter une en 4 X 4 ! La seule « Range-Rolls » au monde. Il s'en est servie deux ou trois fois pour se promener dans la jungle et depuis, elle a rejoint les autres dans le garage qui contient 250 voitures.

Comme les enfants, il a fait un caprice : à Brunei, personne n'a le droit de posséder une Rolls.

Je ne parle que pour mémoire des Ferrari, Lamborghini et autres bolides avec lesquels on ne peut même pas passer la troisième. Ça ne l'amuse plus vraiment.

Le bateau non plus ne l'enchante pas. Il a un yacht royal qui ne bouge jamais. Il faut dire que la mer de Chine n'est pas très hospitalière et qu'il n'y a aucun lieu de promenade à mille kilomètres à la ronde. Adnan Khashoggi, le milliardaire saoudien, à court d'argent, lui avait proposé de lui vendre son yacht, le Nabila, pour vingt-cinq millions de dollars. Hassanal Bolkiah, gentiment, lui a donné la somme demandée, en lui suggérant de le rembourser lorsqu'il pourrait et a rangé le Nabila à côté de son yacht.

Comme Khashoggi n'a jamais pu le rembourser, le

sultan a revendu le Nabila au milliardaire américain Donald Trump, depuis ruiné lui aussi. Sans même avoir eu la curiosité de monter à bord... Indifférent ou superstitieux. Il n'y a que les avions qui l'amusent. Il possède un Boeing 727 aménagé en palais volant et le pilote lui-même, évoluant au-dessus de la mer de Chine, l'espace aérien brunéien étant trop restreint. Cinq fois par semaine, vers seize heures, il va s'entraîner. Dans ses appartements privés, il y a un « link-trainer », un simulateur de vol. Lorsqu'il voyage à l'étranger, il prend parfois les commandes pour se distraire.

Du coup, il a fait construire un aéroport gigantesque capable d'accueillir deux 747 en même temps, alors qu'il n'y a que quelques vols par semaine.

Prudent, Hassanal Bolkiah a également, au cœur de son palais une piste d'envol pour hélicoptères qui lui permettrait, le cas échéant, de filer discrètement vers des cieux meilleurs, en emportant ses disquettes informatiques contenant l'état de sa fortune.

D'ailleurs, dans la famille, on aime bien les avions. Le frère d'Hassanal, Jefri, le ministre des Finances vient d'offrir un Falcon 50 de 15 millions de dollars à son fils de onze ans.

Il n'y a qu'une activité qui « branche » Hassanal Bolkiah : le polo. Il fait venir d'Argentine les meilleurs joueurs qu'il paie à prix d'or et entretient environ 250 chevaux dans des écuries climatisées, dans le parc de Jarulong. Il joue souvent, prenant le commandement d'une équipe qui gagne immanquablement. C'est son seul plaisir car il n'a jamais voulu se risquer dans une compétition internationale.

Toute la vie sportivo-mondaine de Brunei tourne autour du Jarulong Country Club : des pelouses immenses entretenues par une armée de jardiniers, des écuries, un terrain de polo, un manège et un country-club en forme de chalet. Le seul endroit où les étrangers peuvent côtoyer les intimes du sultan.

J'y ai également vu un superbe parcours de golf dix-huit trous, lui aussi entretenu jusqu'au dernier brin d'herbe.

— Le sultan joue au golf ?, ai-je demandé à mon cicérone.

— Non. Mais un jour, il a dit devant son chambellan que ce jeu l'intéressait. Alors, à tout hasard, on a aménagé ce golf, au cas où, un beau matin, il se réveillerait avec l'idée de se lancer dans un nouveau sport...

C'est beau d'être riche !

A ce jour, Hassanal Bolkiah se contente d'une partie de squash quotidienne, dans l'enceinte de son palais. Seuls, les gardes du corps de la « Special Branch » font quelques balles sur ce splendide parcours qui ferait rêver n'importe quel amateur.

Lorsqu'il est las de Brunei, Hassanal Bolkiah va quelquefois se promener dans le monde. Pas longtemps car il est assez sauvage. Vous et moi, nous allons acheter dans un magasin et nous séjournons à l'hôtel. Lui a pris le problème à l'envers : il achète le magasin. Comme Fortnum et Mason à Londres. Il n'a pas non plus de soucis de réservation : le Dorchester, l'un des plus beaux hôtels de Londres, lui appartient et il vient d'acheter le Beverly Hills Hotel, à Beverly Hills en Californie.

On lui connaît une seule collection : les impressionnistes. Il en a tapissé les murs du palais de sa bien-aimée, la princesse Mariam. Mais, pour ne pas faire monter les prix, il se les procure grâce à des intermédiaires.

Voilà, en gros, comment vit l'homme que « Fortune » a consacré pour la sixième année consécutive, « l'homme le plus riche du monde ». Pour sa grande cérémonie, à quarante-six ans, il a parcouru les rues de sa capitale, Bandar Seri Begawan sur son usungan[1]. Ensuite, il est rentré dans son grand palais d'or et a continué à vivre.

Est-il heureux ? S'ennuie-t-il ? Seul le miroir serti dans une boule d'or massif dans lequel il se regarde tous les matins peut répondre à ces deux questions.

---

1. Trône de cérémonie porté à bras d'hommes.

TABLE DES MATIÈRES